12月25日の怪物

謎に満ちた「サンタクロース」の実像を追う

高橋大輔

草思社文庫

12月25日の怪物　謎に満ちた「サンタクロース」の実像を追う◉目次

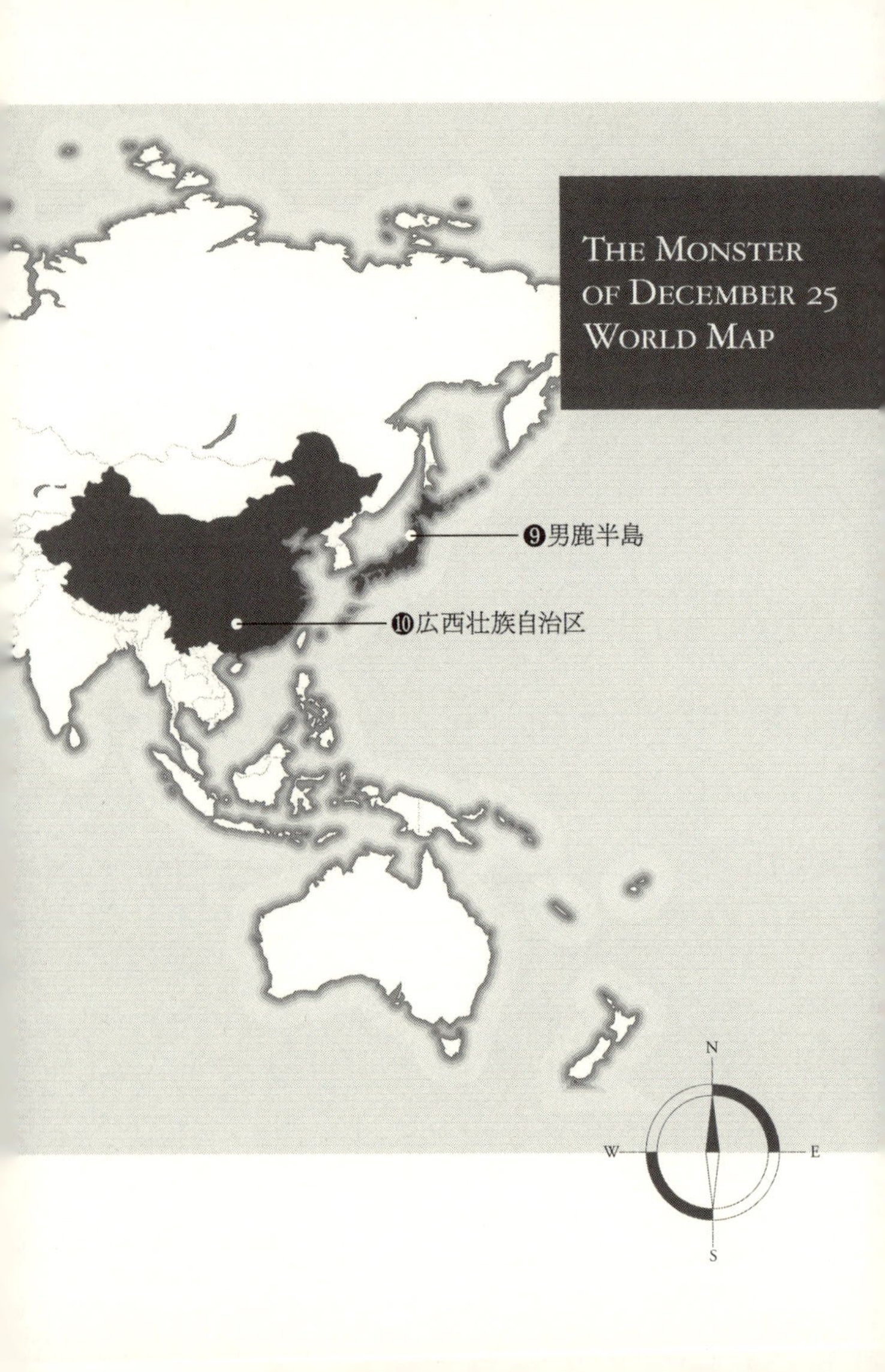
THE MONSTER OF DECEMBER 25 WORLD MAP
❾男鹿半島
❿広西壮族自治区
N
W
E
S

旅の軌跡

第１回目	❶イギリス（ロンドン）	2005年３月
第２回目	❷トルコ（アンタルヤ・パタラ・ミュラ） ❸イタリア（バーリ） ❹オランダ（アムステルダム） ❺アメリカ（アトランタ・ニューヨーク） ❻フィンランド（ロヴァニエミ）	2006年２月～３月
第３回目	❼オランダ（ミドルブルグ） ❽オーストリア（バード・ミッテルンドルフ）	2006年11月～12月
第４回目	❾日本（男鹿半島）	2007年12月 2008年１月
第５回目	❿中国（広西壮族自治区）	2008年12月

地図と手紙

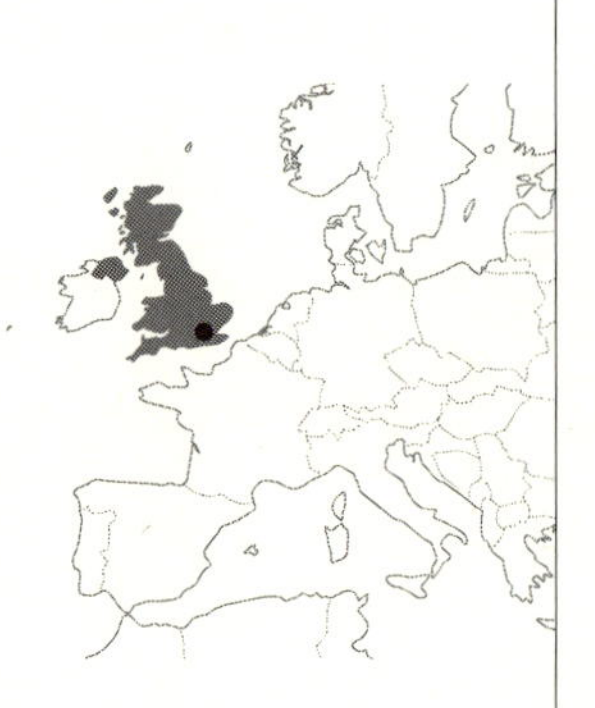

プロローグ

イギリス／ロンドン

わたしが一枚の風変わりな地図を手に入れたのは、二〇〇五年の早春、イギリス滞在中のことだった。

ロンドンの地下鉄レスター・スクエア駅から地上に上がるとチャリングクロス・ロードド付近に出る。そこには劇場が集中し、数ブロック先には中華街がある。エキゾチックな舞台装置に迷い込んだような気分にさせる一角だ。

チャリングクロス・ロードはまた書店街としても知られている。

わたしは通りから古書店の中をのぞき見た。

薄汚れた窓ガラス越しに、無造作に並べられた革装本が見える。

どれも背表紙の金文字が剥(は)がれかかっていてタイトルさえ読めなくなっているが、風格と威厳が滲(にじ)み出ている。時代とともに人から人の手に渡り、読み継がれてきた本の数々。何が書いてあるのだろう。店に入って、確かめてみたくなる。

わたしは欲求を抑え、交差するロングエーカー通りを北東へと向かった。

ほどなく右手に重厚な石積みの建物が見えてきた。ロンドンの路地裏地図から南極旅行のガイドブックまで、世界中の地図や旅行書を専門に扱うスタンフォーズだ。

一八五三年に創業したスタンフォーズは旅を計画する人が最初に訪れるべき場所として知られている。古い顧客リストには探検家のリヴィングストンやスコット、クリミア戦争に看護師として従軍したナイチンゲールの名も見えるという。まさに途方もない旅が始まる起点なのだ。

その時、わたしはグリーンランドの地図を探していた。

雑誌の連載企画でグリーンランドへ行って紀行文を書くことになったのだが、日本の書店を探しても参考になりそうな資料が見つからない。地図も手に入れられないまどうして満足の行く取材ができるだろう。出発の日が一ヵ月後に迫り、頭を抱えた。ふと思い出したのがスタンフォーズだった。

ちょうど別件でロンドンに行く予定があったので、わらにもすがる気持ちでやって来たのだ。

グリーンランドは現在、デンマーク領に属している。欧州の地図が国ごとに並べられた棚へ行き、目当ての地図を探した。

　すると詳細なグリーンランドの地形図が何食わぬ顔で置かれているではないか。

　わたしは小躍りしてそれを小脇に抱え、会計台へと向かった。会計の列に加わろうとした時、何気なく平台の上に置かれた別の地図が目に留まった。

『ザ・サンタ・マップ』

　サンタクロースの地図？

　子ども向けのものだろうか。興味半分で開いてみた。世界地図に美しい図版がレイアウトされ、サンタクロースに関する歴史や情報が網羅されている。

　試しにグリーンランドを見ると、サンタ宛の手紙が毎年、世界各地から送られてくると書かれている。ヨーロッパではサンタがグリーンランドに住んでいると考えている人が多いのだという。

　グリーンランドの旅を前にしていたわたしには、サンタとの接点がおもしろそうに思えた。目当ての地形図が手に入って気をよくしていたこともあり、それもいっしょに購入した。

　スタンフォーズを出て、近くにあるパブへと行く。ザ・サセックスという名前で、ロンドンのどこにでもあるようなこぢんまりとした酒場だ。

薄暗い店内の中央にスポットライトを浴びたカウンターが浮かび上がる。そこでは世界各地の酒を背に女性のバーテンダーがグラスを磨いていた。店には数人の客がいるだけで、彼らの話し声がさざ波のように聞こえる。

わたしはラガービールを半パイント（小ジョッキ）注文し、テーブル席へと移動した。冷たいビールを二口ほど飲み、一息つくと買ったばかりのグリーンランドの地形図を円卓に広げてみた。

脳裏にまだ見ぬ氷原が浮かんでくる。

万年雪に立てば何を感じるだろう。氷はどのくらい硬いのだろう。風はどんな匂いがするだろう。いつしか旅への思いは膨らんでいく。

ふとわれに返り、不思議な感覚にとらわれた。

ロンドンで今まさに旅の途中にあるはずのわたしは、意識の中でもう次の旅を始めている。

いつの間にか自分がどこを旅しているのかさえわからなくなる。

重なり合うように連鎖していく旅。

もし旅と旅に縫い目があるとするなら、それはスタンフォーズで地図を買った後に訪れる行きつけのパブに他ならない。そこは旅の交差点であり、新しい旅が産声を上げる場所でもあるのだ。

わたしは『ザ・サンタ・マップ』を手に取った。

サンタはどこで暮らしているのか。それはグリーンランド以外にもいろいろと意見が分かれているようだ。

多くのアメリカ人は十九世紀の風刺画家、トーマス・ナストが描いたイラストに強い印象を受けて北極点だと考えているらしい。

フィンランドの人々はサンタの生活はトナカイと無縁ではないと信じ、人里離れたラップランドの山中だと主張している。

各々の言い分には文化的な背景が見出せそうだ。

サンタのイメージは世界のどこかの文化からインスピレーションを受けているのかもしれない。たとえ架空の存在であっても、何がしかの種があるのではないか——。

これまでわたしは「物語を旅する」というテーマを掲げ、小説や神話、伝説の背景を世界各地に訪ねてきた。

『ロビンソン漂流記』ばかりか昔話の『浦島太郎』にさえ、実在のモデルや歴史的背景があるのだ。物語と現実世界の接点を見つけ出すことで、荒唐無稽と思える話にも、存在理由があることが見えてくる。そこまでたどり着いて初めて、物語の本当の意味や価値を咀嚼できることを知った。

わたしはサンタクロースにもきっと種があるのではないかと思った。

案の定、地図にはサンタクロースに実在のモデルがいたと書かれていた。

紀元三〜四世紀、現在のトルコ領に聖（セント）ニコラウスというキリスト教の司教が住んでいた。彼こそが実在のサンタクロースだという。

聖ニコラウスは死後、聖人として地中海地方で崇拝されるようになった。その信仰は中世、近代を通じてヨーロッパ各地、アメリカへと伝わり、時代を経て現在のサンタクロースに変わっていったのだという。

モデルが存在することについては以前、どこかで耳にしたことはあった。しかしわたしはサンタクロースについて深く考えてみたことはなかった。なぜクリスマスにやって来るのかもはっきりと知らないまま、誰かが創り出したクリスマスの登場人物のように思っていたのだ。

子どもの頃、「いる」「いない」あるいは「本当か」「嘘か」と想像を膨らませてみることはあっても、「いた」と過去の人物として考えたことはなかった。

実在したキリスト教の聖人がモデルだったことを知り、サンタクロースがクリスマスにやって来る意味を今にしてようやく理解できるような気がした。クリスマスは預言者イエス・キリストの生誕日だとされているからだ。

では三世紀の聖ニコラウスはどんな人物だったのだろう。

クリスマスにやって来て、人々に分け隔てなくプレゼントを贈る聖人だったのか。

白いあごひげを生やしていたのだろうか。

やはり太っていたのか——。

疑問が次々と湧き起こる。

『ザ・サンタ・マップ』を夢中で見ていると、日本の民間信仰に関して奇妙な説明が書かれていた。

「布袋和尚（ほていおしょう）がサンタの役割を果たしている。それは神道（しんとう）の神のひとりで、頭の後ろに目がある（悪い子どもを監視している）とされる」

サンタクロースと布袋に接点がある？

突然、そう言われてもピンとこない。

布袋といえば、七福神のひとりとして知られている存在だ。確かに大きくせり出した腹や背負っている白い袋など、サンタクロースと共通するイメージもある。

しかし双方にはそれ以上の共通点があるのだろうか。

だとすれば何だろう——。

わたしはロンドンのパブでサンタクロースの世界に想像の羽根を広げたのだった。

その後、わたしはグリーンランドの旅に出かけた。

陸地のほとんどが万年雪に閉ざされ、トナカイが棲息する自然環境はまさにサンタの土地と言うにふさわしい。トナカイを寄せつけない北極点よりも、グリーンランドの方がサンタのイメージに合致するように思えた。

しかし腑に落ちない点もあった。

グリーンランドに暮らす原住民のイヌイットはアジア人の風貌をしているのだ。サンタクロースを欧米の老人だと考えていたわたしにとっては致命的だった。

やはりサンタクロースは北欧の人なのだろうか——。

帰国後、何気なく立ち寄った東京の書店でおもしろそうな商品を見つけた。申込書に住所と名前を書いて投函すれば、クリスマスに北欧のサンタクロースから手紙が届くという。

どんなメッセージが来るのか。わたしは興味本位で申し込んでみることにした。

一通のエアメールが届いたのはクリスマス直前だった。サンタのイラストが描かれた楽しそうな封筒だ。手紙には英文で次のように書かれていた。

「今年のクリスマス・プレゼントはおもちゃでもキャンディでもありません。目には見えず、大きくて、手に持てないようなもの。それは『来るべき春』です。

寒い冬が終わればやがて暖かい春が訪れます。わたしはあなたが待ち望むような春がやって来ることを約束します。

二〇〇五年　サンタクロース」

鉛色の空、固く凍りついたままの川や地面。北欧の長く暗い冬の情景が目の前に浮かんできた。春がとても待ち遠しいのだろう。プレゼントに春を贈るという現実離れしたメッセージは極北にいる神秘的な存在を思わせる。

わたしはそれがいかにもサンタクロースらしいと感じた。

一方、イエス・キリストについては何も語っていない。キリスト教の聖人らしさが微塵（みじん）も伝わってこない。

手紙を読み終え、わたしは違和感を覚えた。そして子どもの時から感じていたサンタクロースの曖昧（あいまい）さについて思った。

ルーツとなった聖ニコラウスはキリスト教の司教だという。

確かにクリスマスの日、わたしにもサンタからのプレゼントが届けられた。わたしはキリスト教の信者ではない。教会へ行くことも特別に祈りを捧げることもなかった。気前がいい人だと言えばそれまでだが、どうも腑に落ちない。

キリスト教が根づいているとは言えない日本で、サンタクロースだけは存在感がある。

サンタクロースはなぜ日本にやって来るのか。

わたしが慣れ親しんだサンタクロースは本当にキリスト教の聖人だったのか。

むしろ手紙の文面から思い浮かぶような妖精に近いのではないか。

いずれにせよ、サンタクロースには二面性がある。

いや、不思議なのはそればかりではない。サンタを信じていた子どもが、サンタがいないという現実に直面する時にも見え隠れする。

わたしは自分の幼少期のことを思い出した。

クリスマスが近いある日のこと。近所に住む友人が得意げに話した。

「サンタクロースはいないんだよ。プレゼントを買って枕元に置いていくのは……」

わたしには信じ難い話だった。

しかし友人はたたみかけるように言った。

「雪が降らないと、橇は動かないじゃないか」

「……」

「家には煙突はないし、ドアにも鍵がかかっているよ。サンタはどうやって入って来られるのさ」

わたしは反論もできないまま、もどかしさを感じた。

きっとうまい方法があるに違いない。心の中で呟きながらも不安になる。

家に帰ってさっそく母に尋ねた。

「だいじょうぶ、サンタさんはちゃんといるわよ」

母の言葉にわたしは胸をなで下ろした。

本当は両親がサンタクロースだというのはつじつまが合わない。

欲しいプレゼントをお願いしたのはサンタクロースなのだし、父も母もいっしょに祈ってくれたではないか——。

再び友人と話をしてみたが、信じる気持ちは薄らぎ、疑いへと変わっていった。

そしてその年もまたクリスマスの日が来た。

朝方、わたしはかすかな物音で目覚めた。

扉が開き、部屋に入ってきたのは、母だった。

母はわたしと弟のベッドにそっとプレゼントを置いた。

わたしが起きていたことに気づくと、母は人差し指を唇に当てて「しーっ」と合図し、静かに部屋を出ていった。

わたしは現実を目の当たりにした。

やはりサンタクロースはいなかった。

夢見心地の中でぼんやりと考える。

両親はなぜ嘘をついていたのだろう。ひた隠しにしなければならなかったのには、何か特別な理由があるからではないか――。

起き上がってプレゼントの中身を開いた。包装紙を破る音を聞き、弟も目を覚ました。

「プレゼントだ！」

弟は無邪気に微笑んだ。

喜ぶ弟を前に、わたしは話しかけた。

「今年もサンタさんが来たね」

自分は一体、何を言い出すのか。今さっきサンタがいないことを確かめたばかりではないか。自分の言葉が信じられなかった。

べつに弟をだまそうと思った訳ではない。しかし本当のことを伝える気持ちにはなれなかった。

この矛盾した言動はどこから来たのか――。

サンタがいないことを知ったショックの揺り戻しだろうか。

いや、単純にそうとは言えない。

振り返ってみると、弟を起こさないようにと母がわたしに合図をしたしぐさが心の中にひっかかっていた。母の振る舞いを思い出し、わたしはサンタのことは黙っておいた方がいいのだろうと悟った。

もうひとつの世界があることに感づいた瞬間でもあった。単純に言えば、大人の世界ということかもしれない。サンタクロースを信じる子どもの世界とは違う、知らない世界が存在している――。

毎年クリスマスが来て大人たちは子どもに嘘をつく。子どもはやがてサンタクロースがいないことを知る。夢から覚め、現実の世界の扉が開くような出来事だ。大人になるための試練であり、通過儀礼でもある。乳歯が抜け落ちていくように、子どもはサンタクロースへのこだわりを捨てなければならない。

幼い頃に裏切られたことへの反動かもしれないが、わたしは十代後半、サンタに寄りつこうとしなかった。二十代から三十代になっても溝は縮まることもなく、クリスマスに反発心さえ抱くようになった。

それは世の中の浮ついた風潮への嫌気でもあった。

デパートの店先がイルミネーションで飾られ、『恋人がサンタクロース』という流行歌が町に流れ始めると、わたしは背を向けた。クリスマス・イブの日はレストランばかりか、ホテルの予約もいっぱいになる。

クリスマスって、そんな日だったっけ――。

プレゼントやケーキなど、子どもの時に楽しく感じていたことが不純なものにさえ映った。

ところが人は親になると不思議な行動をとる。反発心はどこへやら。再び自分の子どもにサンタを教え、存在を信じ込ませるのだ。真剣にサンタクロースを信じようとする子どもからすれば、ちょっと迷惑な話ではないか。

サンタクロースを信じているのはむしろ大人の方なのではないか。

大人にとってサンタとは、信じていないくせに信じたいと願っている存在なのだ。子どもに信じ込ませ、そしていっしょに夢を見ようとしている。

これまでわたしはサンタを子どものためのものだと思い込むあまり、真剣に考えていなかった。冷静に考えてみれば、大人になった今でもその存在感は大きく、強い印象を持ち続けている。

なぜわれわれはサンタクロースを必要としているのか。

日本人にとってクリスマスとは何なのか。

わたしはサンタクロースのことを書いた本を手当たり次第に読んでみた。

調べれば調べるほど、サンタクロースやクリスマスはキリスト教だけでは説明できないことがわかってきた。世界各地に古くから伝わる祝祭や民俗行事との接点もありそうだ。

もし旅に出たら何か手がかりをつかめるのではないか。いや、それ以上にサンタを訪ねて旅をすることは子どもの頃の夢でもあった。

わたしはサンタクロースの世界を探検できるのではないかと真剣に考えた。サンタクロースの探検と言えば、大げさに響くかもしれない。しかし生死を賭けた旅に出ることばかりが探検ではない。それはむしろ日常で感じた何気ない疑問から始まる。探検とは答えを自らの旅でつかむことだ。日常の中にこそ、探検すべき未知が潜んでいる。

旅をしようと思った瞬間、サンタクロースの世界は謎に満ちた辺境であることに気づいた。

探検は常識と非常識の間にあるのだ。

わたしはサンタクロースのことをどれだけ知っているのか。

これまで常識だと思っていたことは本当に正しいのだろうか。それを確かめるのは旅しかない。

実際のところ、わたしがサンタを追いかけた旅は三年の間、四度に及んだ。

二〇〇六年二月のトルコを皮切りに、イタリア、オランダ、アメリカ、フィンランドと世界各地を巡った。それでは飽き足らず、同じ年の冬にオランダを再び訪ね、オーストリアにも足を運んだ。その後、日本ばかりか中国にまで出かけることになったのだ。

偶然手にした一枚の地図と手紙をきっかけに疑問を持たなければ、旅に出ることもなかっただろう。旅を続けるほど、わたしはサンタクロースのことをもっと知りたいと思うようになった。子どもの時に失った何か大切なものを取り戻すために。いや、サンタクロースなどいないと知りながら、いて欲しいと願っている大人のひとりとして——。

第1章

サンタクロースになった男

トルコ／アンタルヤ・パタラ・ミュラ
イタリア／バーリ

二〇〇六年二月。

わたしはトルコのイスタンブールへ飛び、アタテュルク国際空港に降り立った。すぐに国内線へと乗り継いで南西部にあるアンタルヤに向かう。

聖ニコラウスはどのようにしてサンタクロースになったのか。

歴史的な背景を調べればサンタの正体が見えてくるに違いない。日本に根づいた理由ばかりか、日本人にとってサンタとはどのような存在なのかを探る鍵も見つけ出せるはずだ。

聖ニコラウスは三世紀後半、地中海に面したトルコのパタラという町でキリスト教徒の両親のもとに生まれた。その後、約六〇キロメートル東にあるミュラで司教になったという。

パタラやミュラをめざすには、トルコ南西部の中心都市アンタルヤが足がかりとなる。飛行機を降りると肌に暖かい風を感じた。初夏を思わせるような陽気に思わず汗ばむ。南トルコは温暖で、雪や氷とは無縁の土地だ。サンタクロースと聖ニコラウスには本当に接点があるのか、それさえ疑わしくなってくる。

わたしはタクシーで町の中心部へと向かった。

道端のオレンジの木に鈴なりの果実が揺れている。鼻先をくすぐる風は甘酸っぱい香りがした。遠くからイスラム寺院の尖塔や門が見えてきた。トルコは伝統的にイスラム教徒の国だ。寺院はどれも古く、数百年前に遡（さかのぼ）るものもありそうだ。

わたしは戸惑いを覚えた。

この国で本当にキリスト教の聖人のことを知ることができるのだろうか。うかつに誰かに尋ねたら、宗教の違いから不快な思いをさせることになるかもしれない。それが引き金となってトラブルが起こらないとも限らない。急に不安になってくる。

車は商店や食堂が立ち並ぶ大通りを抜け、約二キロメートル西にあるアンタルヤ博物館の前で停まった。

正面入口の受付で名前を告げ、面会の約束で来たと伝える。

しばらくすると派手な緑色のネクタイを締めた男が現れた。

「ウナル・デミレルです」

彼は自己紹介して、わたしに握手を求めた。髪の毛を全て刈ったスキンヘッドで、太い指に大きな銀の指輪をはめている。

物々しい雰囲気にわたしは息を呑んだ。

博物館の学芸員を訪ねてきたはずなのだが――。彼は警備員だろうか。

ウナルはわたしを小さな部屋に通した。そして打ち明け話をするようにこっそりと言った。

「実は先週、副館長から呼び出しがあったんだ。なんか厄介なことになりそうだと思ったら、案の定、日本からＶＩＰの来賓（らいひん）があるのでご案内をと言われてさ」

「ＶＩＰの来賓？」

わたしはドキリとした。

「そうだよ。君のことさ。ぼくは大学で考古学の博士号取得をめざす身なんだ。勉学に余念がないからと断ったのさ。するとだよ、英語が堪能で歴史や遺跡にも詳しい、あちこちに顔が利くのはお前しかいないと泣きつかれてしまったんだ。いや、まいったね」

彼は早口でまくしたて、人懐っこい笑顔を浮かべた。

わたしはある人の紹介でこの博物館にやって来たのだが、何となく彼が気の毒に思えてきた。

「あまり迷惑にならないようにします」

そう言うと、彼は目を大きく見開いて言った。

「迷惑？　とんでもない。おかげで博物館の雑務から解放されたんだ。しかも副館長に貸しもできた」

ウナルはニヤリとした。どうやらＶＩＰの来賓を心の底から歓迎しているらしい。


そもそもアンタルヤの博物館にウナルを訪ねることになったのには、ちょっとした経緯があった。話は数ヵ月前に遡る。

二〇〇五年十二月。イギリス人の友人と東京で会った時、クリスマスの話題となった。

わたしがサンタクロースを追いかけてトルコに出かけてみたいと語ると、彼はサンタクロースとトルコの接点に驚きつつ、こう口にした。

「ちょうど今晩、駐日トルコ大使と会うことになっています。サンタクロースがトルコ出身だと知れば驚かれるに違いない」

彼はパーティーで大使に話題を持ち出したらしい。すると大使は、トルコこそサンタクロースの故郷だと熱っぽく語り始めたのだという。

その縁がきっかけでわたしは後日、東京都渋谷区にあるトルコ大使館へと出かけることになった。

約束の一〇分前に受付に到着すると、応接ロビーに通された。ふかふかの絨毯が敷かれ、ソファの前のテーブルには色鮮やかなお菓子が並んでいた。大きな窓ガラスから光が差し込み、床は透明な水面のように輝いている。

やがて数人の部下を伴って、駐日トルコ大使のウナイドゥン閣下（当時）がやって来た。彼女はテーブル越しに座ると快活に話し始めた。

「聖ニコラウスに関心がおありだと聞きましたよ。そうですとも。サンタクロースはトルコ出身なのです」

聖ニコラウスのことを調べてみると、意外な事実に直面する。

生前に書かれた資料はひとつもなく、実在していたのかどうかさえ確かめることができない。現存する文献の中では十三世紀に編纂された『黄金伝説』がよく知られている。イタリア、ジェノヴァの大司教だったヤコブス・デ・ウォラギネが、キリスト教の聖人伝説集成としてまとめたものだ。

わたしはそれをもとにトルコを旅してみたいと思っていた。現地へ行けば、彼の生涯を追い、足跡を見つけ出すことができるかもしれない。

とはいうものの、古代の聖人を追跡するのは簡単ではない。歴史のヴェールにおおわれているからには歴史家や考古学者の協力が不可欠だ。もし手がかりが教会にあるなら聖職者の理解も必要となろう。

戸惑いながらもわたしは大使に夢中で思いを伝えた。

「彼がどんな土地に生まれ、どんな生涯を送ったのかを確かめてみたいのです」

黙ってわたしの顔を見ていた大使はテーブルの上を指した。

「お食べなさい。全部トルコのお菓子ですよ。コーヒーも」

お菓子は原色の絵具で塗ったように鮮やかで、口に入れると飛び上がるほど甘かった。

「どう？　おいしいでしょう」

「舞い上がりそうです」

大使は微笑んだ。

「サンタクロースがトルコの生まれであることを多くの人に知ってもらいたいですね。できる限り協力しましょう」

大使もサンタクロースのファンなのだと知り、わたしは嬉しくなった。

「現在のトルコ人はほとんどがイスラム教徒です。それでも聖ニコラウスをノエル・ババ（クリスマスの父）と呼んで、大切に思っているのです。お出かけになればヨーロッパとアジアが接する多様なトルコ文化にも興味を感じられるでしょう。ぜひいい時間を過ごしてきて下さい」

大使は席を外し、わたしは残った外交官らと旅程などについて話し合った。

大使館からメールが届いたのは数日後のことだ。アンタルヤ博物館が力を貸してくれるという。現地に着いたらウナル・デミレル氏を訪ねるようにと書かれてあった。

わたしはさっそく旅の準備を始めた。

サンタクロースの旅はトルコへ行くだけでは十分ではない。『ザ・サンタ・マップ』によれば、聖ニコラウスの信仰はヨーロッパに伝えられ、オランダ人がアメリカに持ち込んでサンタクロースとなり、コカコーラの広告とともに世界中に広がったという。変遷を追跡するには、ヨーロッパだけでなくアメリカへも渡らなければならない。

一口に欧米と言っても、言葉はもちろん人々の考え方は異なっている。各国の歴史ばかりかキリスト教や宗派に関する知識も必要だ。

準備万端整えたとしても、机上で立てる旅の計画はいつも現地で変更を余儀なくされる。滞在期間が長引くこともあれば、不測の事態が起きて、思い通りの調査ができないこともある。同じ国に再び行かなければならなくなるかもしれない。

この数年前までわたしは会社勤めをしながら探検をしていた。

取れる休暇も少なかったので旅には制約があった。わたしはまるでつぎはぎのように休日を縫い合わせて夢を追いかけた。

やがて、独立して本格的に活動をしたいと思うようになった。

ところが会社を辞め探検家としての道を歩み始めると、生活はそれまで想像していたものとは違っていた。

探検には時間と資金の両輪が必要である。

二足のわらじを履いていた頃、時間が足りない分は稼いだお金でなんとかカバーすることができた。金に糸目をつけず飛行機やタクシーを駆使すれば、世界は案外狭いものである。

ところが独立してみると、わたしが乗っているのは一輪車のようなものだった。時間はたっぷりある。しかしそれだけでは資金難をどうにもできない。結局のところ、資金を作るために自由を犠牲にしなければならない。

新聞や雑誌の連載、講演などで得られる収入は微々たるものだ。

活動を続けるためにはスポンサーが必要になる。

とはいえ資金さえ集まれば即座に探検ができるかというと、そう単純な話でもない。わたしはビジネスとして資金提供してくれる会社ではなく、いっしょにプロジェクトを進めることができる理解者を探し求めた。

トルコ大使を紹介してくれたイギリス人もそのひとりだ。

たとえ大金を手にしたとしても、人と人のつながりを買うことはできない。異国の地で親身になって力を貸してくれる人を得ることは、商業的に売り込むことよりも、探検の成功にとっては現実的なことだ。

友人がいれば不慣れな土地で案内と通訳を引き受けてくれるかもしれない。文献の翻訳を手伝ってくれるかもしれない。運が良ければ自宅に泊めてくれて、食事もごちそうしてくれるかもしれない。もしそれらを全て自前でやるとすれば、お金はいくらあっても足りないだろう。

探検に必要なのはプロジェクトを物心両面から支えてくれる支援者なのだ。それは家族も同じだ。妻はわたしのサンタクロースの旅をおもしろそうだと言って理解してくれた。数ヵ月の留守に加えて、お金のことなどプロジェクトの成功には家族の協力は欠かせない。

わたしは大まかな旅程を組んだ。まずはトルコに入り、その後オランダのアムステルダム、アメリカのアトランタとニューヨークへ。クリスマスに手紙を送ってくれたサンタがいる北欧のフィンランドにも行ってみたい。

旅先は温暖なトルコばかりか、氷雪に閉ざされた北極圏にまで及ぶ。バックパックの中は冬服と夏服でごちゃごちゃになった。パソコンやカメラ、予備の電池、サンタに関する資料も入れると鞄は大きく膨れてやけに重い。まるでプレゼントでいっぱいになったサンタクロースの袋のようだ。

アンタルヤ博物館の小さな応接室の椅子に向かい合わせに座り、ウナルはわたしに尋ねた。

「アンタルヤには何をしに？　詳しい事情は何も聞かされていないんでね」

わたしは目的を説明した。

じっと聞いていたウナルはわたしの顔を見た。

「聖ニコラウスか。この博物館に遺骨があるよ」

「えっ！」

思わぬ情報にわたしは身を乗り出した。

「展示室にあるけど、行ってみる？」

始まったばかりの旅の時計の針が急に回り出した。

「今すぐ！」

わたしは彼の後について展示室に入った。

何やら古めかしい品々が並んでいる。古代ギリシャ時代の壺、ローマ時代の大理石彫刻、アラジンを思わせる絨毯やオイルランプ。展示品の数々はヨーロッパとアジアの境界にあるトルコの魅力そのものだ。

それらをくぐり抜け、ウナルは白い壁の前で立ち止まった。

三枚のイコン（聖画像）がかかっている。

「どれも聖ニコラウスだよ」

イコンは宗教絵画として知られる。顔料のつなぎに卵などを使用したテンペラ画法を用い、薄い木材の上に描かれたものだ。落ちつきのある光沢を放ち金箔の輝きと相まって、薄暗い教会の中で神々しさが一層引き立つように工夫されている。アンタルヤ博物館にある聖ニコラウスのイコンは五、六世紀以後に描かれたものだという。

わたしは近づいて絵を眺めた。

どれも痩せた老人だ。

「太っていなかったのですか？」

「太った聖ニコラウスなんて見たこともないね」

ウナルはイコンの前に置かれたガラスケースを指差した。

「骨はそこにあるよ」

わたしは歩み寄って中をのぞき込んだ。

ケースの中央に小箱が置かれ、ラベルに「聖ニコラウスの遺骨」と書かれている。

わたしは吸い寄せられるように顔を近づけた。

箱には赤いサテン地の中枠が敷かれ、小さな骨片が五つ収められていた。細長く湾曲したものには臼歯(きゅうし)が残っている。あご骨の一部だろう。しかし他はどこの部分の骨かも想像がつかない。

箱の中枠には九つの凹みが空いている。もともと骨は九つあったようだ。

箱のサイズはおよそ横三三センチメートル、縦一一・五センチメートル、高さは五・五センチメートル。上蓋の内側にもイコンがはめ込まれていた。やはり頭の禿げ上が

聖ニコラウスのイコン（アンタルヤ博物館蔵）

った細身の老人だ。十字を作るように右手の人差し指と中指を交差させ、左手には聖書を持っている。

きれいに装飾された箱の様子から骨は丁重に扱われてきたことがわかる。

しかしわたしは不信感を抱いた。五つの骨のうち二つが銀細工で装飾されているのだ。

本物の聖人の遺骨においそれと加工を施すことなどできるだろうか。実物らしく見せかけようという作為を感じずにはいられない。

壁には英語とトルコ語で説明が書かれていた。齧(かじ)りつくようにして読んでみたが、遺骨については一言も触れられていない。

「間違いなく聖ニコラウスの遺骨なのですか?」

「知らないな。誰も話題にしたがらない」

ウナルは自信なさそうにわたしから視線を外した。

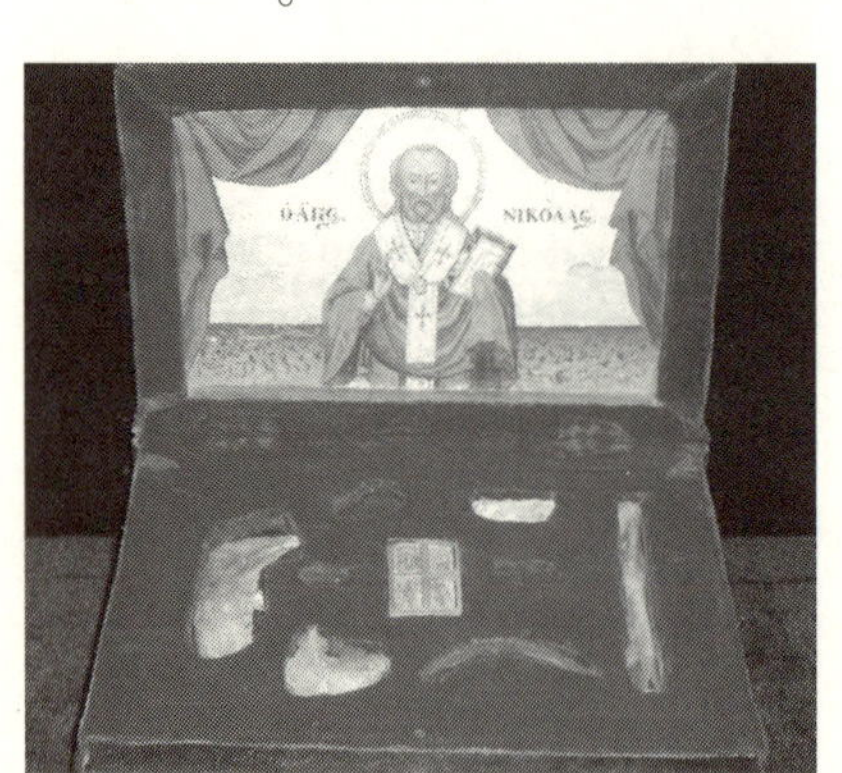

聖ニコラウスの遺骨。左端があごの骨(アンタルヤ博物館蔵)

わたしはたたみかけるように質問をした。

「なぜです？」

「骨は聖人のものではないという噂があるし、犬の骨ではないかという人さえいる……」

聖ニコラウスの遺骨は人気の展示品のひとつだという。それだけに詳細に触れるのはタブーであるらしい。

あれこれ詮索してみたが、遺骨については何とも釈然としない。深追いをやめ、ウナルと今後のスケジュールについて話し合うことにした。

聖ニコラウスの生誕地パタラはアンタルヤから地中海沿いを西へ一七〇キロメートルほどのところにある。彼が司教を務めたとされるミュラはその途中だ。どちらも現在は人が住まず、古代遺跡として保護されているという。

われわれは車でパタラへ行き、帰りにミュラに立ち寄る計画を立てた。

まずは車を確保しなければならない。方々に電話をかけたがなかなか見つからない。レンタカー会社へ行き、実際に車を借りた時はすでに夕方だった。

「出発は明日ということにしよう。今晩は家に泊まればいいさ」

わたしはウナルの提案をありがたく受け入れた。

彼はわたしの耳元で囁いた。

「ものは相談だがね。給料日前で金欠なんだ。食費を持ってくれさえすれば、今晩はうまい料理でおもてなししてあげるんだが」

わたしはいっしょにスーパーマーケットへ出かけ、材料費を支払うことにした。彼は何種類ものチーズやヨーグルト、オリーブ、肉や野菜、パンなどを遠慮なくかごに詰め込んだ。一週間分もありそうな食材だ。

ウナルはニヤリとした。

「お客をおもてなしするにはこれぐらいないとね」

「そんなに食べないと思うけど」

「余ったら家で食べておくから心配いらないって」

わたしはレジで会計を済ませ、レンタカーに乗ってウナルの家へと向かった。

わたしと同い年の彼は奥さんと小学生になる息子の三人で郊外の集合住宅に暮らしている。

家の扉を叩くと、一足先に学校から戻っていた息子のアルドリッチ君が鍵を開けてくれた。

「パソコンゲームをやってるな」

ウナルは彼をどやし始めた。

「宿題、宿題！」

息子が勉強部屋に入るのを見届けると、ウナルはキッチンで料理を始めた。奥さんのシットさんは仕事で帰りが遅いので、夕食はいつもウナルが作るのだという。

応接間に座っているようにと言われたが、わたしはキッチンで手伝うことにした。

「今日の晩ご飯はキョフテ（トルコ風ハンバーグ）とピラフだ」

料理が完成する頃、シットさんが帰ってきた。

われわれはすぐに食卓についた。

キョフテとピラフにはヨーグルトをたっぷりとかけ、チーズやオリーブをつまみながらゆっくりと食べる。

食事をしながら、アルドリッチ君にサンタクロースのことを聞いてみた。

「ノエル・ババだよね」

彼はサンタクロースのことを知っているという。

わたしは質問を続けた。

「プレゼントをもらったこと、ある？」

「いいや、ないよ」

なんとも素っ気ない。イスラム文化圏のトルコにはクリスマスがない。

だからだろう。サンタクロースに対しては日本人が抱くような憧れもない。聖ニコラウスの故郷トルコにサンタクロースがいないのはちょっと寂しい感じがする。

わたしはかつて旅をした中東のオマーンで、ちょうど十二月二十五日を迎えた時のことを思い出した。

クリスマスを祝おうという雰囲気は微塵もなかった。町には飾りつけやイルミネーションは皆無で、浮かれた気分はどこにもなかった。

オマーンもイスラム教国だから当たり前のことだ。

そうと知りつつもあまりの無関心ぶりに、日本のことが奇妙に思えてきた。

日本だってキリスト教国ではない。にもかかわらずなぜあれほど街を飾りつけ、盛大に祝おうとするのか。

ロンドンでクリスマスを迎えたこともある。

その日、わたしは町から人が消えたことにうろたえてしまった。店という店は軒並みシャッターを降ろし、公共バスも運休している。人々は教会で祈りを捧げ、家で心静かに一日を過ごすのだという。そこには純粋な祈りがあった。

それと比べれば日本のクリスマスには違和感を覚える。二十代から三十代にかけて、わたしは日本が意味もなく浮かれているように見え、居心地の悪さを感じた。

恋人がいないとクリスマスを楽しめないという風潮にも疑問を感じた。プレゼントをあげる人がいるかいないか、いっしょにケーキを食べる相手がいるかいないかで、幸せか不幸せかが決まるわけではない。妙な雰囲気から遠ざかっていたくて、ケーキさえ食べなかった。クリスマスは羨(うらや)みと妬(ねた)みの日だった。

日本人のクリスマスは宗教とは無関係なものだ。

日本人は何を祝っているのだろう?

さっぱりわからない。

いや、クリスマスだけではない。二月十四日のバレンタインデーが来ると日本中がまたしても異様な雰囲気に包まれる。

バレンタインもまたキリスト教と関係があり、聖職者の名前だという。

しかしその日が来ると、日本人は宗教のことなど意識することなく、チョコレートを拝んでいる。

物足りないのか、最近ではハロウィーンも始まった。

一体、日本人はどういうつもりなのだろう。

単なる流行か。そうではないとするなら、クリスマスに自らのどんな思いを託しているのか。

サンタクロースに対して冷静なトルコに来ると、ますます謎は深まる。

夕食を終え、ウナルはサーズという琵琶を思わせるような弦楽器を弾き始めた。

わたしは居間の本棚にびっしりと並んでいる本を手に取った。

弦を爪弾(つまび)きながらウナルが言う。

「ほとんどが恋愛小説だよ」

「奥さんのですか?」

わたしはシットさんに視線を投げかけた。

彼女は首を横に振り、ウナルを嫉妬深げに見つめた。

息を潜めるような沈黙が訪れた。

ウナルはサーズの音色に陶酔し切った表情を浮かべている。

「どれもぼくのさ」

「ラブストーリーが好きなの?」

「生きる糧(かて)だよ」

彼は歌い始めた。愛する人を思い焦がれる歌だという。

わたしはふと妻のことを思い出した。

わたしの部屋の書棚には探検の本がびっしりと並んでいる。それを生きる糧と表現するほどキザではないが、本の扉を開けば、何時間でも夢中になってしまう。

ひょっとすると妻は、わたしの書棚にシットさんと似たような感情を抱いているかもしれない。

いや。わたしの書棚にラブストーリーはない。もしかしたら旅に出かけていくわたしを「亭主元気で、留守が……」などと思っているかもしれない。

アンタルヤの夜は弦の響きとともに更けていった。

翌日、朝食を済ませ、ウナルの運転でパタラをめざす。

車は地中海の海岸道路をひた走っていく。

そこは輝ける青の世界だ。まぶしい太陽光が海と空を照らし出し、青は透明感あふれる濃淡の階調を作り上げる。

遠く南にはエジプト、東にはエルサレムがある。西へと向かえばアテネやローマにつながる。地中海は歴史のロマンにも彩られていた。温暖で風光明媚（めいび）な土地に古代文明が花開いたのは当然だろう。

やがてエメラルド色に輝くエーゲ海が見えてきた。

沖に点々と浮かぶ島はギリシャ領だという。

聖ニコラウスの故郷は地中海とエーゲ海、二つの海が接する所に位置している。

「まもなくパタラだよ」

ウナルがそう言ってから一〇分と経たないうちに、渚に立つ松林の向こう側に石積みの廃墟が見えてきた。

われわれは車から降りて近づいていった。四角い土台石の上に円柱型に石が積み上げられている。灯台の遺跡だという。

わたしはウナルの後に続き、巨大な遺跡をぐるりとひと回りした。

土台石だけでも見上げるほどだが、灯台の高さは二〇メートルもあったと推測されている。

元の場所に戻ると、ウナルが言った。

「発掘作業は六〇〇〇台ものトラックを総動員して行われ、地下一〇メートルまで土を掘り返したんだ。そうしたら予想だにしなかったことが起こっちゃった。何だかわかる？」

「想像もつかない」

「周辺の村が野菜の産地になっちゃったのさ」

掘り返された大量の土で住民たちはビニールハウス農業を始めたのだという。

エーゲ海の島々を望む

灯台の発掘は近隣の住民に思わぬ恵みをもたらした。一方、調査結果の方も驚くべきものだった。

それは灯台の古さだった。いっしょに見つかった銅の碑文を手がかりとして紀元六〇年頃の建造と推定された。現存する灯台遺跡のうちで世界最古だ。

世界史年表によれば紀元六四年、皇帝ネロがローマで起きた大火災をキリスト教徒のせいにして迫害を行った。聖ニコラウスが誕生する二〇〇〇年ほど前、キリスト教は新興宗教として排斥されていたことがわかる。

パタラの隆盛を今に伝える巨大な灯台は、聖ニコラウスが生まれた頃も町のシンボルだったはずだ。

われわれは車に戻り、町の中心部へと進んだ。

土台だけが残るパタラの灯台遺跡

大きな石造りの門が見えてきた。モデストゥスの凱旋門と呼ばれ、高さ約一〇メートル、幅一九メートルもある。

脇に車を駐車して近づいてみた。壁面に何やら古代の文字が刻まれている。ウナルは文字の上に人差し指を這わせるようにして解読を始めた。

「パタラの人々、リキアの人々の主要都市」

小アジア南西部、地中海に突き出すリキア地方は古代から穀物やワイン、杉、大理石などの産地として知られ、海岸をのぞく三方を山におおわれていたため海上交易が発展したようだ。

その風土は人々の独立自尊の気風を養った。

特に紀元前二世紀以後、地中海沿岸一帯が次々と古代ローマの版図に加えられていくなか、リキア人たちは自立を求めて抗い続けたという。パタラやミュラといった都市を中心に議会を開いてあらゆる問題を解決し、自分たちの言葉を使い続け、貨幣も独自の通貨を造った。それはやがてリキア同盟と呼ばれるようになった。

「独立国家みたいだ」

わたしの言葉に、ウナルは相づちを打った。

「当時としてはものすごく進んだ社会だったと言えるんじゃないかな」

その政治思想はアメリカ合衆国の憲法にも影響を与えたとされ、今なお政治家や学者がやって来るという。

門をくぐり抜けると、見渡す限りの土地に巨大遺跡が点在していた。

われわれは建物のひとつに入ってみた。

熱風を循環させる空洞が地下に設けられている。オンドルのような床下暖房の構造をしていたことがわかる。

ここは公共浴場の遺跡だ。

「聖ニコラウスもこの風呂に入っていたかもしれないな」

ウナルによればパタラには四つの浴場があったらしい。

海側にあった「港の浴場」は紀元一四〇年頃に完成したというから、彼の時代にも使われていた可能性は高い。

わたしは風呂の中でリラックスする彼の姿を思い浮かべた。

パタラには他にも議事堂、神殿、教会、墓地や円形劇場などの遺跡がある。

いずれも規模と繁栄ぶりには圧倒される。

彼が生きた三世紀後半の世界に目を向けると中国は『三国志』でおなじみの三国（魏呉蜀）時代にあり、日本は弥生時代の終わりから古墳時代の始めだった。

当時の発展ぶりはとても日本とは比較にならない。

掘り出されたかつての街路を歩いていくと、凹みのある石が地面の上に転がっていた。オリーブオイルを搾り取るために使われた石臼（いしうす）だという。

「昔からみんなオリーブが好きだったんだ。一〇〇〇年経ったって人間は変わるもんじゃない」

ウナルはそれに親しげな視線を落とした。

圧倒的な巨大遺跡もさることながら、足元に転がっている石臼こそ人間の生活のぬくもりを感じさせる。

わたしはパタラで生まれ育ったとされる聖人に思いをはせた。

『黄金伝説』（ヤコブス・デ・ウォラギネ　人文書院　一九七九）によれば、父はエピパニオス（一説ではエウペミオス）、母はヨハンナ（アンナ）といった。聖ニコラウスは裕福で敬虔（けいけん）なキリスト教徒だった二人のもとに生まれたとされるが、いつのことかは明らかではない。

『黄金伝説』に彼の死は三四三年と書かれていることから、三世紀後半頃に誕生したと考えられている。

ニコラウスという名前はニコス（勝利）とラウス（称賛）に由来しているという。語尾をラオスとすれば民衆という意味になる。

名づけた両親の気持ちが伝わってくるようだ。

ところが突然の不幸が彼を襲う。聖ニコラウスは若いうちに両親と死に別れてしまったのだ。彼の手元には莫大な遺産が残されることになった。

悲嘆に暮れた聖ニコラウスはそれを自分の利益のためではなく、人を救うため、神を称えるために使おうと決意した。

彼の家の隣には、生まれは貴族だが落ちぶれて貧乏になった男が住んでいた。

隣人は三人の娘を売り飛ばし、その金で暮らそうと考えた。

罪深さに驚いた聖ニコラウスは、金塊を布に包むと夜ひそかに家に忍び込み、窓から投げ入れて帰っていった。

施しにより隣人は改心し、娘たちは無事に嫁いでいったという。

夜更けにこっそりと誰かの家を訪れてプレゼントを置いていく。どこかサンタクロースを彷彿(ほうふつ)させるエピソードだ。

気がつけば、もう辺りは薄暗くなっていた。

「発掘ハウスへ行こう」

ウナルはわたしを車へと誘った。

発掘ハウスは遺跡調査に従事する人のために作られた施設だという。

夏の作業期間中は教授や学生たちでいっぱいになるが、冬季に当たる今は管理人と家族しかいない。ウナルは連絡を入れ、特別に泊まれるようにしてくれていたのだ。

到着すると、管理人一家がキッチンに集まって夕食をとっていた。

ウナルとは久しぶりの再会と見え、明るく話が弾む。

わたしも夕餉の食卓に迎えられた。

テーブルには魚とポテトのフライが山盛りに積み上げられている。ピタという薄焼きパンやサラダ、ヨーグルト、チーズとともに食べた。

夕食後は、砂糖がたっぷり入った紅茶を小さなカップで何杯も飲みながら談笑を続ける。彼らの話すトルコ語がわからなくても、わたしは楽しそうな雰囲気に引き込まれていった。

ウナルは車に積んできたサーズを手に取り、弦を爪弾いた。そしてまた恋の歌を歌い始めた。

わたしは食堂の外に出た。夜は更け、空には満天の星が瞬いている。聖ニコラウスが生まれた古代遺跡に輝く星空は、彼が見た夜空と変わらないだろう。

昼の暑さが嘘のように、冷え込みは厳しくなってきた。

あてがわれた寝室に戻り、簡易ベッドに入る。

毛布一枚では寒くてなかなか眠ることができない。

ベッドに仰向けに横たわったまま、じっと目を閉じた。

闇夜、金塊の包みを持った聖人のシルエットが脳裏をかすめた。聖ニコラウスは星の光を頼りに静々と歩いていく――。

わたしはいつしか眠りに落ちていった。

一夜明け、昨日通った道を引き返すように、地中海沿いに車を走らせた。

パタラで善行を続けていた聖ニコラウスは、やがてミュラにある教会の司教に選ばれた。

ミュラはどのような場所だったのか。

パタラの東約六〇キロメートルの所にあるカレ村（旧デムレ）とその周辺に当時の遺跡が残っているという。

海と空は互いに競い合うように青く輝いている。沖合に浮かぶ何艘（そう）もの船は白波を引きずるように進んでいた。家の白壁と橙（だいだい）色をした屋根瓦が作り出すコントラストの美しさも心に迫ってくる。

一時間ほどでカレの港町に入った。内陸に通じる道へと曲がり、さらにデムレ川を遡るように進んでいく。

オレンジの木の下にジュース搾り機を持ち出して営業している男の姿が目に留まった。

わたしは尋ねた。

「勝手にオレンジをもいでジュースを売ったら、怒り出す人はいないのかな」

「構いやしないよ。オレンジなんてみんな飽き飽きしている」

ウナルは自分も木からオレンジをもぎ取って食べ始め、通りを歩いている若い女性にウインクした。

そしてこれまで体験した数えきれないほどの恋について話し始めた。

わたしはたわわに実った数えきれないほどのオレンジを眺めながら、相づちを打った。

地元の人々には共通した雰囲気がある。太陽の光が降り注ぐ土地に生まれ育った人間だけが持つ、独特の陽気さや開けっ広げな性格。

時代が違っても、同じ土地に生まれ育った聖ニコラウスにも似たようなところがあったはずだ。

車はやがて円形劇場跡にたどり着いた。

リキア地方最大のもので、直径約一二〇メートルもあるという。

舞台を囲むように客席がすり鉢(ばち)状に並んでいる。石段を数えてみると三五段もあった。

足を踏み込むと石はガタリと音を立てて揺れた。

悲劇のヒロインに同情してすすり泣いたり、役者の滑稽(こっけい)なしぐさに腹を抱えて笑った古代の人たちの感情の余韻が隙間から立ち上ってくるかのようだ。

劇場の隣に切り立った岩山が聳えていた。

絶壁に扉を模したような彫刻がいくつも並んでいる。どれも高い壁の上にあるので容易には近寄れない。

ネクロポリスと呼ばれるこの墓地には、内側に遺体が安置されていたという。内部の壁には死者の生前の様子が描かれていたらしい。

「絶壁の墓なんて、できれば入りたくないな」

岩山に穴を掘った墓地（ミュラのネクロポリス）

そう言うウナルにわたしは尋ねた。

「誰の墓だったのでしょう。王や貴族のもの？」

彼は首を横に振った。ほとんどが名もなきミュラ市民の墓だという。

とはいえ当時の社会は奴隷制を土台にしていたことから市民といえば特権階級に当たるのだろう。

円形劇場や風変わりな岩窟（がんくつ）墓地は古代都市ミュラの繁栄を今に伝えている。

リキア地方は古代ローマの支配下にあったものの、ミュラなどを中心都市として存在感を示し続けていた。


聖ニコラウスはそこで司教を務めていた。

『黄金伝説』にはエピソードが四つ記されている。

二つは海にまつわるもので、他の二つはキリスト教に関係がある。

最初に語られるのは、海で大嵐に遭った船乗りの話だ。彼らが一心に祈ると聖ニコラウスが現れ、たちまち海は静かになったという。

実際に起こった出来事だとは信じ難い。それでも聖ニコラウスは船乗りたちから信仰されていたことがうかがえる。

二つ目のエピソードにも船乗りが登場する。

ミュラで大飢饉が起き、倉の中身が底をついてしまった。苦境に立たされた市民は聖ニコラウスに救いを求め、船乗りたちから小麦を分けてもらうことができたというものだ。

ここでも聖ニコラウスと船乗りの信頼関係が語られている。

ミュラは内陸にあり、海沿いにはない。港町ではないのに、話に船乗りが出てくるのはどうしてだろう。

ウナルによれば当時、近くにアンドリアスという港があって、ミュラの海の玄関口になっていたらしい。

われわれは約五・五キロメートル離れた港の跡地へ出かけてみることにした。

かつての繁栄を思わせるような面影はないものの、入り江に何艘かの小船が係留されていた。

近くに雑草が伸び放題の広場があり、真ん中に崩落した石積みの遺跡があった。倉の遺跡だという。

アーチ状に石が組まれた建物は倉らしく見えない。基礎部分はおおよそ横六五メートル、縦三二メートルもあり、収蔵庫は七つに分かれている。どこか神殿遺跡のような気品さえ漂っている。

わたしは壁面にローマ皇帝と妃の胸像が飾られていることに気づいた。

アンドリアスは主にローマに運ばれる穀物の集散地として知られていたという。聖ニコラウスの伝説に出てくるのはこの倉だったのかもしれない。だとすれば彼の活躍を実感できる数少ない場所のひとつということになる。

『黄金伝説』に記された残り二つのエピソードはキリスト教の布教に関わるものだが、聖ニコラウスの意外な一面をのぞかせる。

当時、キリスト教信者はまだ少数派だった。ミュラの農民たちは古くから伝わる神アルテミスを崇拝し、神木の下で供犠を繰り返していた。第三のエピソードによれば聖ニコラウスはそれを悪習とみなし、神木を切り倒させたという。

強引で攻撃的。聖ニコラウスは闘う聖人でもあったようだ。世界各地の神話や信仰を集成的にまとめた大著『金枝篇』（フレイザー　岩波書店一九五二）によれば、ギリシャ神話に出てくる女神アルテミスは多産や豊穣を司る女神で人身御供が行われることもあったらしい。

「いまだに謎めいているのは、ミュラのどこを掘ってみてもアルテミス神殿の遺跡が見つからないことなんだ」

ウナルは肩をすぼめながらわたしに言った。

「どういうことです？」

わたしが尋ねると、彼はすかさず答えた。

「聖ニコラウスが破壊してしまったからだという人もいるよ」

「神木を切り倒させた」という表現ではわかりにくいが、聖ニコラウスは異教徒の神殿を破壊し、信仰を根絶しようとした可能性もある。それは熾烈な宗教戦争のようなものだったのかもしれない。

第四のエピソードを見ると、そんな推測も当たらずとも遠からずではないかと思えてくる。

聖ニコラウスはローマ皇帝コンスタンティヌス大帝の信頼を勝ち得て、彼と帝国のために祈ってほしいと懇願されるからだ。

大帝は三一三年にミラノ勅令を発布してキリスト教迫害を中止させ、自らも教徒となった。一〇年ほど後には全ローマ帝国の統一を成し遂げ、ヨーロッパにキリスト教が根づく基礎を築いた。

つまり大帝からの信頼は、聖ニコラウスが異教徒との戦いに勝利し、名誉や地位がローマ帝国全土で高まったことを示している。

ミュラの聖ニコラウス教会は現在、カレ村の中にある。

聖ニコラウスの死後、遺体が埋葬された場所に建てられた教会だという。

これまでは聖ニコラウスの生涯を追いかけてきたが、その教会に行けば、彼の死後、人々からどのように信仰されていたかを知ることができるだろう。

われわれはアンドリアスから教会へと向かった。

遠くに見えてきた教会は壁石の角が落ち、全体的にやさしい印象を与えた。古さを感じさせるが丁寧に補修され、時を経て自然に溶け込むような美しさを身にまとっていた。

入口に聖ニコラウスの銅像と壊れた石のレリーフが置かれていた。

石碑には船の碇(いかり)が十字架のように描かれている。

船乗りたちから寄せられた絶大なる信頼の証しと言えよう。

わたしはふと思った。もしかしたら世界中

聖ニコラウス像（ミュラの聖ニコラウス教会）

を旅して歩くサンタクロースのルーツは、聖ニコラウスを信仰したのが船乗りたちだったことに見出せるのではないか。

聖ニコラウス教会には途切れることなくやって来る信者や観光客の姿があった。

わたしは彼らといっしょに中へと進んだ。

ウナルは事務所に立ち寄り、管理人に案内を頼んだ。

出てきた若い男は突然の申し出に対し、あからさまに不快な表情を見せた。

居心地の悪い空気が流れる。わたしは事前に連絡を入れてもらうべきだったと後悔した。

ところがウナルはトルコ語で何やら軽口を叩いたかと思うと、管理人の肩をぽんと叩き、たちまち丸め込んでしまった。

何となくルーズな雰囲気があるが、ウナルはやはりここ一番という場面で頼りになる。味方につけておきたい男だ。

管理人とともに聖堂に進む。

教会は聖ニコラウスの死後、六世紀に建てられた。戦火や震災に遭い、現存しているのは八世紀頃に再興された建物だという。

堂内は薄暗く、静けさが支配している。

中央に置かれた祭壇は壊れた四本の柱に囲まれていた。

アーチ型をした天井は高く、三つの窓から光が束になって差し込んでくる。

側廊、拝廊、礼拝堂など、どの部屋も空っぽだが、歴史の重みがそこかしこに感じられる。

わたしは何かたくさんの物が詰まっている部屋に入ったような息苦しさを感じた。

「奥は墓室になっています」

歴代の司教の亡骸は教会の南側にある墓室に納められていたという。

案内人の説明にわたしは飛びついた。

「見てみたい」

穏やかだった彼は再び表情を強ばらせた。

「事前に許可がないとだめですね……こればっかりは」

だめと言われると、無性に見たくなる。

追跡の手がかりが、そこでわたしを待って

ミュラの聖ニコラウス教会の祭壇

いるに違いない。

　わたしはウナルに懇願した。

　彼は案内人に詰め寄った。だめなら二人で居座り、ハンストでも起こすぞといった雰囲気だ。

　鬼気迫る様子にさすがの案内人も根負けした。

「修復作業中なのです。でも幸い今日は誰もいません。特別ですからね」

　彼は管理室から鍵を持ってきて、扉の錠を開けた。

　部屋の奥にはアーチ型の壁のくぼみがいくつかあって、石棺が置かれていた。

「どれが聖ニコラウスの石棺かははっきりしません。例えばこれが候補のひとつです」

　彼が示した大理石の石棺は、厚みがあって頑丈だった。

破壊された石棺（ミュラの聖ニコラウス教会）

大きく破損していて、辛うじて原型をとどめている程度だ。

「強盗が聖ニコラウスの骨を盗んでいった時、ハンマーで叩いたからだと言われています」

「強盗が骨を盗んだ！」

思わぬ展開に、わたしは衝撃を受けた。

改めて『黄金伝説』を確かめてみると、一〇八七年にイタリアのバーリから四七人の騎士が訪れ、聖ニコラウスの遺骨を持ち帰ったと書かれている。わたしはその記録に一度目を通していたはずだが、疑問を投げかけることもなく、ただ鵜呑(うの)みにしてしまっていた。

記録はイタリアの大司教が書いたものだ。

そこに「持ち帰った」とあるが、トルコ人の側からすれば「略奪」になる。大きな違いだ。

文献を読んだだけで、歴史を知ったと思い込むのは間違いだ。

現場に足を運んで現地の人に話を聞くことで、現実に起こったことの意味を考えることができる。ようやく歴史追跡のスタートラインに立てるのだ。

「どこかに聖ニコラウスの名前などが彫られていませんか」

わたしは石棺に何か手がかりがないかと尋ねてみた。

「いえ。わかっているのは、彼が生きていたローマ時代のものだということぐらいです」

出入口に戻り、われわれは案内人にお礼を言って教会を出た。

アンタルヤに戻った翌日、わたしはウナルと博物館に出かけた。

収蔵されている遺骨をもう一度見たいと思ったのだ。

博物館にはどのような経緯で遺骨が収められることになったのだろう。改めてウナルに尋ねてみた。

「ここにあるのは盗まれた骨の残りだと言われているものだよ」

なるほど。骨はどれも小さく、砕けている。

しかしその程度の説明では納得がいかない。

わたしは彼ににじり寄った。

彼は研究室に姿を消し、しばらくして戻ってきた。

「どうやら、あの骨は本物ではないらしい」

「え？」

わたしは思わず声を上げた。あっさりとそう言われると戸惑ってしまう。

「大声では言えないんだけど、二〇〇四年に人類学者による分析が行われたんだって。骨は確かに人骨だった。しかし……」

「しかし？」

わたしはごくりと固唾（かたず）を呑んだ。

「骨は三十代の男性のものだった」

「三十代だって！」

「若すぎるね。本物ではないよ」

情報によれば、遺骨はもともとアンタルヤ旧市街にあったイェニカプ教会に収められていたのだという。

贋物（がんぶつ）だとわかると、かえって当時の信者の熱狂的な思いが感じられてくるようだから不思議だ。

わたしは小箱に納められた遺骨をじっと見つめた。

そして追跡に付き合ってくれたウナルにお礼を言った。

「次はどこへ行くの？」

「聖ニコラウスの遺骨を追ってイタリアへ行ってみるよ」

イタリアはもともと旅の予定にはない場所だが、トルコから遺骨が盗み出されたという以上、行ってみる他あるまい。

そもそもなぜ遺骨は盗まれてしまったのか？

本当にイタリアに遺骨はあるのか？

不安をよそに彼はにたりと笑った。

「イタリアか。美人がいっぱいいるぞ」

彼は「チャオ」（さよなら）とイタリア語で言いながらわたしと握手し、片目を閉じてウインクした。


わたしはイタリアへと旅を続けた。

聖ニコラウスの遺骨はバーリの聖ニコラウス聖堂に納められているという。

バーリはイタリア南東部、長靴のような形をした国土のちょうど踵（かかと）あたりにある港町だ。アドリア海に臨み、対岸のバルカン半島にはボスニア・ヘルツェゴビナやセルビア、ギリシャなどの国々が並んでいる。

ホテルのフロントで聖ニコラウス聖堂の電話番号を教えてもらい、わたしはすぐにプッシュホンのボタンを押した。

たくさんの漁船が集うバーリの港

受話器を耳に押し当てたまま、相手が出るのをじっと待つ。

五回、六回……。誰もいないのだろうか――。

電話の呼び出し音は鳴り続いたままだ。

受話器を置こうとした時、誰かが電話に出た。

突然、荒々しい調子のイタリア語が響いてくる。

もの静かな聖職者が出るものと思い込んでいただけに、わたしはあっ気にとられた。

何から話し始めたらいいのかさえわからなくなる。冷静さを取り戻して英語で話しかけた。

「どなたか、聖ニコラウスについてお話を伺える方は……」

「ケ？（何だって？）」

「英語でお話ができる方はいらっしゃいますか」

受話器の向こうの男は面倒臭そうにまくし立てた。

「リブロ…イングレッセ…キオスコ（本、英語、売店）」

そう言うと電話は切れてしまった。

耳に残った単語から連想すれば、売店に英語で書かれた案内書があるらしい。

冷淡な対応に前途多難の影がちらつく。

トルコでは大使からの推薦があったが、イタリアでは全くコネがない。知り合いのいない旅先では苦戦を強いられる。

それでもわたしは楽観的だった。

あらかじめ準備をすればするほど、失敗は少なくなる。しかしレールの上を走るような無味乾燥なものとなりがちだ。

旅の醍醐味(だいごみ)は未知と既知のバランスの糸の上を行くことにある。ある程度知識がなければ、興味は湧かない。しかし知り過ぎると、発見の余地は少なくなる。多少なりとも冒険の可能性を残しておいた方が、思わぬ収穫を手にすることができるのだ。

ここは出たとこ勝負だ。

わたしは聖堂へ直接出かけてみることにした。

地中海の一地方の司教だった彼は、どのように世界中の人々から愛されるサンタクロースへと変貌を遂げていったのだろう。

トルコで聖ニコラウスの生涯について知れば知るほど、サンタクロースとの接点はぼんやりと霞(かす)んでいった。

わたしは彼の死後、遺骨がトルコから強奪されたことが気になった。

もしかしたら、そこに秘密が隠されているのかもしれない。

空港で手に入れた都市図によれば町は新市街と旧市街に分かれ、聖ニコラウス聖堂は旧市街にある。

地図を片手に道を歩き始める。

駅のある新市街は碁盤の目のような造りでわかりやすい。旧市街に入り込むと一転、細い道が複雑に入り組んで迷路のようだ。

すぐに方向を見失いかけたが、運よく八百屋が道端で営業をしていた。店先にはキャベツやブロッコリー、ナス、ニンジン、パプリカ、他にも見慣れない鮮やかな色の野菜が並んでいる。

店の主人に道を尋ねたが、やはり英語は通じない。

彼はわたしが野菜を買いに来たのだと思い込んでいるらしく、黄色いパプリカを手に取って見せた。

わたしが首を横に振ると、今度は箱からトマトを取り出した。

慌てて彼に地図を見せる。

「なんだ。トマトを買いにきたんじゃないのか」

主人はつまらなさそうに「ディリット（まっすぐ）」と繰り返した。

とにかくこの道をまっすぐ行けばいいらしい。

路地はどんどん狭くなり、石造りの家が左右から迫ってきた。

道は人家の間をくねるように続き、アーチ型の門の下をくぐり抜けていく。門の上にも積み木のように人家が載っかっている。

上を向いても空はほとんど見えない。それでもわずかに差し込む光が白壁や床石の上に反射し、周囲はほんのりと明るかった。

遠くからエンジン音が響いてきた。曲がりくねった小路からヴェスパ（オートバイ）が飛び出し、二人乗りの若い女性がわたしの脇をすり抜けていく。小麦色の長い髪が風になびいた。

ウナルのことを思い出した。

確かにイタリアの女性には甘美なイメージがある。

暖かい日差しと潮風。その中を駆け抜けていく美女。

誘惑に満ちている。ウナルが憧れていたのは、この魔性だったのだ。何となくわかるような気がする。

再び前へ。心細くなりかけた時、雑貨屋が見えてきた。はす向かいにはカフェもある。わたしはその先に白亜の大きな建物を見つけた。

聖ニコラウス聖堂だ。三角屋根の教会堂の左右を守るように四角い塔が立っている。

売店をのぞくと、教会の人が電話で言っていたように英語のガイドブックが置かれていた。

『聖ニコラウス聖堂　歴史とアートの紹介』（ジェラルド・ショファーリ　一九九七）は聖堂の建築様式や所蔵されている宝物が要領よく解説された小冊子だ。

わたしはそれを買い、ひと巡りしてみることにした。

小冊子によれば、聖ニコラウスの遺骨はミュラから運ばれた二年後の一〇八九年に聖堂に納められたという。

わたしは扉を押して中に入った。堂内に人の姿はなく、水中に潜った時のようにひんやりとして静まり返っていた。

祭壇の床は幾何学模様のモザイクで彩られ、大理石でできた司教座は厳(おごそ)かなたたずまいを見せている。天井には聖ニコラウスの伝説をモチーフにした絵画がはめ込まれていた。

歩き回るうち、地下に通じる階段を見つけた。

入口に「トンバ・デル・サント（聖人の墓）」と書かれている。

わたしは薄暗い階段を一段、また一段と下りていった。

天井のランプが弱い光を放ち、周囲をぼんやりと照らし出している。

地下室は礼拝堂のようだった。

広さは横三〇メートル、縦一五メートルほどあり、大理石の円柱の間を埋めるように祈禱(きとう)用のベンチが並んでいた。

暗い足元に気をつけながら、光輝いている中央正面へと進んでいく。

そこには石棺風の祭壇が置かれていた。

鉄格子で厳重に守られていて近づくことはできない。

顔を寄せて中を見ると、白いレースのクロスがかけられ、聖書と花、燭台が載っていた。側面に大人がようやく身体をねじ込めるぐらいの穴が開いている。

わたしはかがんで穴の中をのぞき込んだ。内壁にイコンが描かれていた。息を引きとったばかりの聖ニコラウスだ。司教や天使たちに取り囲まれ、柔和で安らかな表情のまま永遠の眠りについている。

わたしは彼の死に立ち会っているかのような緊張感を覚えた。

その時、背後から人の気配を感じた。階段を下りてきたのは白い服に身を包んだ聖職者だ。

聖ニコラウスの遺骨が持ち込まれた背景などについて尋ねてみよう。

ところがわたしの問いかけに、彼は固い表情で言い放った。

「ここは祈りの場です」

まもなく礼拝が始まるらしい。彼は信者でないわたしに対し、外に出るようにとジェスチャーをした。

わたしは黙礼をして聖堂を出た。

特別のコネがなければ、もはやどうにもならない。

しかしここまで来た以上、わたしはどうにかして道を見つけていかなければならない。ホテルに戻り、ベッドの上に寝そべりながら聖堂で手に入れた小冊子の続きを読み始めた。

ページを繰っていくうち、思いがけない事実に行き着いた。かつて聖ニコラウスの石棺が開けられ、調査が行われたことがあったというのだ。一九五三年に聖堂の修復工事が行われた際、保存のため特例的に許可されたらしい。石棺の中には人骨や銀の容器が入っていた。安置されていたのは成人男性の人骨だったが、一人分の約七五パーセント程度しかなかったという。たとえ完全な状態でなくても、残された骨から生前の姿が明らかになったのではないか。

身長は何センチだったのか。イコンに描かれていたように本当に痩せていたのか――。調査に加わった人から直接話が聞けないだろうか。すでに半世紀が経過しているので可能性は低いかもしれない。だめでも調査報告書のようなものはきっとあるはずだ。

バッグから地図を取り出して見ると、新市街のバーリ大学には国立図書館がある。そこに行けば何か資料が見つかるはずだ。

翌日、パンとオレンジジュースの朝食を済ませ、わたしは図書館に出かけた。玄関ホールに本を検索するための端末機が置かれていた。操作してみたが、思い通りにいかない。

わたしは資料請求カウンターに行き、司書の男に尋ねた。太った司書は英語で話しかけるわたしによそよそしく接した。どうやら英語を理解しないらしい。

ここは国立大学の図書館ではないか。せめて英語ぐらい通じて欲しい――。憮然(ぶぜん)とするわたしに彼はイタリア語で書かれた端末の取り扱い説明書を手渡し、これを見てわからなければ帰れとでも言いたげだ。

考えてみれば当たり前だ。ここはイタリアの国立図書館であり、わたしはイタリアの歴史を調べるためにやって来たのだ。イタリア語がわからないなどとは言えない。

わたしはあれこれ試みた。探し出したい本は聖ニコラウスの遺骨調査報告書で、研究者の名前はわからない。手がかりとなりそうなことは調査が行われた一九五三年という情報だけだ。

結局、自分ひとりでは埒(らち)が明かない。わたしは太った司書の姿を見つけると、再び歩み寄っていった。

すると彼は「ああ、またお前か」というようにわたしから目を逸(そ)らした。

わたしは気後れしつつも、改めて大声で挨拶をした。

「ボンジョールノ！（おはようございます！）」

そして鞄からイタリア語の辞書を取り出し棒読みした。

「ケリア　ペディィルレ　ウンファボール（お願いがあります）」

話しかけると彼はわたしをじっと見て、あごをしゃくって応じた。

そうだ。わたしはとても大切なことを忘れていたのだ。

イタリア語はからきしわからない。それでもやはり一言ぐらいは現地の言葉を発するべきなのだ。

これまで何年も旅を続けてきて十分わかっているはずなのに、また同じ過ちを犯してしまった。

それは旅する国の言葉を話したくないというわけではなく、自分も苦労して英語を話しているのだから、せめてそこまで歩み寄ってほしいという甘えだ。

しかしイタリア人にとっては、日本語も英語も同じく外国語であることに変わりはない。

辞書の棒読みが通じたかはともかく、イタリア語で話しかけようとする姿勢に司書の心も動いたらしい。

わたしは彼に紙切れを見せた。

探し出したい本のキーワードが書いてある。

「聖ニコラウス」「骨」「調査」「一九五三」

司書はカウンターにある検索機のキーボードを叩き始めた。

容易にはいかない。

さらに別のキーワードを示す。

「墓」「聖ニコラウス聖堂」「バーリ」

三〇分ほど探してみたが、思い通りの本にはたどり着けなかった。

やはりだめか――。わたしは司書にお礼を言い、その場を立ち去ろうとした。

すると彼はわたしを制した。

「ネバー・ギブアップ！」

いつしか太った司書はわたしのために本を探そうと本気になっていたのだ。しかも彼が話しているのは英語ではないか。

なんだ。英語が通じるんじゃないか――。

そう言いかけたが、今となってはどうでもいいことだ。

彼はわたしを手招きしてモニターを指差した。

出てきたのは『聖ニコラウスの聖遺物』という本だ。論文には確かに一九五三の年が見える。

探している本かどうかは確かではないが、一応閲覧してみることにした。

本は五分ほどで出てきた。わたしは閲覧席に座り、そっと本の扉を開いた。

頭蓋骨の写真が目に飛び込んできた。

キャプションには聖ニコラウスと書かれている。

また、骨格をもとに復元した生前の姿なども載っている。

正式なタイトルは『聖ニコラウスの聖遺物　バーリの墓に眠る人骨の解剖学人類学研究（司祭館認定一九五三年五月五日）』。著者は国立バーリ大学の解剖学者ルイギ・マルチノ教授だ。

それはまさにわたしが探していた資料だった。

わたしは司書のところに小走りで駆けていき、お礼を言った。

彼はわたしと握手し、他に困ったことがあったら何でも言えというように胸を張って見せた。

席に戻り、再び本を開く。

問題はここからだ。

文字は全てイタリア語であるばかりか、専門用語ときている。

それにしてもわたしはなんでこんな難しい本を探してしまったのだろう。見つからない方が幸せだったに違いない。日本語でだって、人体解剖学の本を読んだことはないというのに……。

現地語の辞書に加え、パソコンの自動翻訳機も利用する。

それはとんでもない誤訳をすることが多いから要注意だが、ないよりはましだ。イタリア語はアラビア語やハングル語と違って文字をアルファベットで打ち込める。

わたしはじれったい気持ちを抑えながら、パソコンの自動翻訳機や辞書と首っ引きで一字ずつ解読するように読み進めていった。

それによると、調査のために石棺が開けられたのは一九五三年からの四年間だったという。

石棺の蓋にあたる墓石は三二キンタル（三二〇〇キログラム）もある一枚石だった。慎重に持ち上げると中が見えた。

「一〇八九年に墓石が閉じられてから実に八六四年間、誰ひとりとして聖人の遺骨に触れた者はおろか見た者さえいない」

そう記すマルチノ教授の興奮は行間からも伝わってくる。

内部には液体がたまっており、骨はその中に半分ぐらい沈んでいた。

調査チームはまず石棺内の排水と清掃を行った。ガーゼなどでふき取った液体を調べたところ聖油ではなく真水と判明した。塩分が含まれていなかったことが骨の状態を保つ上で幸いしたようだ。

清掃後、教授は骨を区分してリストを作った。

頭蓋骨の保存状態はいいが、左側のあごが欠落していた。残っていた歯を調べた彼はこう書いている。

「一九本の歯のうち、二本がひどい虫歯にかかっていた。歯冠を突き破り、穴は深くにまで達していた」

聖ニコラウスの歯が虫歯！

思いがけぬ事実に、わたしは思わず膝をポンと叩いて笑い出しそうになった。

残っていた歯のうち虫歯にかかっているのは一割程度だというが、虫歯の程度は相当ひどいという。

痛みをこらえていた聖人の顔がわたしの脳裏に浮かんできた。

どんな物を食べていたのか？　甘い物が好きだったのか？

そこに生身の人間を実感する。

マルチノ教授は生前の聖ニコラウスの顔の復元にも取り組んだ。

古いフレスコ画の肖像から、やわらかくうねるようなあごひげや大きく禿げ上がった頭、地中海の人の日焼けした肌などの特徴も参考にされた。

頬が少し張り出し、低い鼻、大きな目、頭は禿げ上がり、縮れ気味のあごひげが長く伸びている。思慮深く、受難にも耐える強い意志が表情に表れている。

紙の上に現れたのは高潔な聖人の顔だった。

聖ニコラウスの身長は一六七センチメートルと推定された。総合的に考え合わせると細身で当時としては背が高かった。死亡推定年齢は七十歳以上だという。

ひとりの解剖学者が、ついに聖ニコラウスの実像を蘇らせることに成功したのだ。

マルチノ教授は骨が破損している点にも鋭い考察を行っている。

特に足のすねにあたる脛骨（けいこつ）に、鋭利な刃物で斜めに切りつけられた跡が残っていた。

それは何を意味するのだろう。

骨を運んだ船乗りたちが大急ぎで乱暴に扱ったからではないか。教授はそう推測する。

わたしは七割しか骨が残っていなかったという事実の裏に知られざるドラマが潜んでいるように思った。

骨の状態から、何か穏やかではないことが起こったのではないか。

もしバーリの人たちが敬愛する聖人の遺骨を刃物で叩き切ってまでして奪わなければならなかったとするなら、よほどの差し迫った危機があったのだろう。

激しい衝突や奪い合いがあったのかもしれない。イタリア人の「骨を持ち帰った」という表現よりも、トルコ人が言うように「略奪」とした方がいいのかもしれない。

それにしてもなぜ、イタリアへ遺骨が持ち出されたのか。

記録を読むとミュラから遺骨を持ち出そうとしたのは、もともとバーリの船乗りたちではなかったようだ。

最初に試みたのは北イタリアの港町ヴェニスの人たちだったが、計画はうまく運ばなかったらしい。

そこから聖ニコラウスがイタリアで広く信仰され、遺骨の略奪をめぐって競争原理が働いていたことが浮かび上がる。

背景にはイスラム教徒との対立があった。

十一世紀後半、中東ではイスラム王朝セルジューク朝の一派が勢力を拡大し、リキア地方にも押し寄せるようになった。

その危機がイタリア人に遺骨略奪の大義名分を与えたのだ。

エーゲ海を越えたところにある小アジア（現在のトルコ主要部を占める半島）は、イタリアと北アフリカや中東とを結ぶ重要な交易の中継点だった。イスラム教徒が勢力を拡大し自由に航行することができなくなると、交易はもとよりミュラの聖ニコラウス教会を訪れていた巡礼者にも大きな障害となった。

聖地に行けないならせめて聖遺物を奪回したい。そんな純粋な信仰心ばかりか、計算高い意識も働いた。聖ニコラウスの遺骨を手に入れることができればキリスト教世界での名声を高め、巡礼者からの利益も期待できる。

ヴェニスのライバルだったバーリの騎士たちは首尾よく遺骨を奪うことに成功した。船が帰国すると群衆がバーリの港にあふれ、町は歓喜に包まれたという。

そして一〇八九年十月、遺骨は教皇ウルバヌス二世臨席のもと地下聖堂に安置された。教皇が立ち会ったことで、バーリは名実ともに聖ニコラウスの聖地となった。

命がけでイタリアにもたらされた聖ニコラウスの遺骨だが、後の世にどんな影響を与えたのだろう。

わたしは思いも寄らない展開を知った。

「一〇九五年クレルモン宗教会議で教皇ウルバヌス二世は聖地回復の軍を提唱した」

（『世界史小辞典』　山川出版社　一九六八）

なんと、バーリの聖堂に聖ニコラウスを安置した教皇ウルバヌス二世が十字軍を提唱したというのだ。

十字軍はキリスト教国であるヨーロッパ各国が、イスラム教徒から中東の聖地を奪い返そうとした軍事遠征だ。回数と年代は史家によって異なるが、十一世紀から十三世紀まで八回以上にわたって続き、聖都エルサレムの奪還が最大の目的とされた。

ウルバヌス二世は聖地が異教徒からの攻撃に曝(さら)されるたびに危機感を募らせていた。バーリの船乗りたちが聖ニコラウスの遺骨を奪うことに成功し、それに力を得た彼は十字軍提唱に踏み切ったのだろう。

派遣された第一回目の十字軍の一部隊は、バーリから出発している。

わたしは聖ニコラウスと十字軍を結びつけている深いつながりを知った。

十字軍の戦士たちにとって聖ニコラウスは慈悲深い聖人というだけではなく、異教徒と戦って勝利を収めた大いなる先人であり、守護神だったに違いない。

それが聖ニコラウスの信仰にとっても大きな転機をもたらす。

地中海周辺などに過ぎなかった聖ニコラウスの信仰はヨーロッパ各地に広がり、定着していくことになったのだ。

聖ニコラウスについて知れば知るほど、わたしはサンタクロースから遠ざかっていくような感覚を覚えた。

闘う聖ニコラウスとサンタクロースには隔たりがある。

また骨の調査からも太っているとはいえなかった。

なぜモデルとされるのか。

トルコとイタリアを旅してみたが、肝心のその点については、ほとんど何もつかめなかった。

先が思いやられる。

わたしは聖ニコラウスのその後について調べてみた。

『サンタクロース伝説の誕生』（コレット・メシャン　原書房　一九九一）によれば、聖ニコラウスの信仰が拡大するにつれ、各地にその名を冠した教会が建てられただけではなく、彼の命日とされる十二月六日に聖ニコラウス祭が行われるようになった。

聖ニコラウスは十字軍という歴史的事件によって脚光を浴び、やがて祭りとなって民衆の生活に溶け込んでいったという。

聖ニコラウスを宗教としてだけでなく、民俗としてとらえてみたらどうだろう。サンタクロースやクリスマスにも民俗行事としての側面がある。

わたしはそこに追跡の糸口が見つけ出せるのではないかと思った。

『サンタクロースとクリスマス』（カトリーヌ・ルパニョール　東京書籍　一九八三）によれば、十七世紀に聖ニコラウス祭を描いた一枚の絵がオランダに残っているらしい。

絵を見ればきっと何かわかるに違いない。

わたしは期待を胸にオランダへと向かった。

今後は聖ニコラウスを、信仰と祭りという視点から追跡してみることにしよう。

第2章

大西洋を越えて

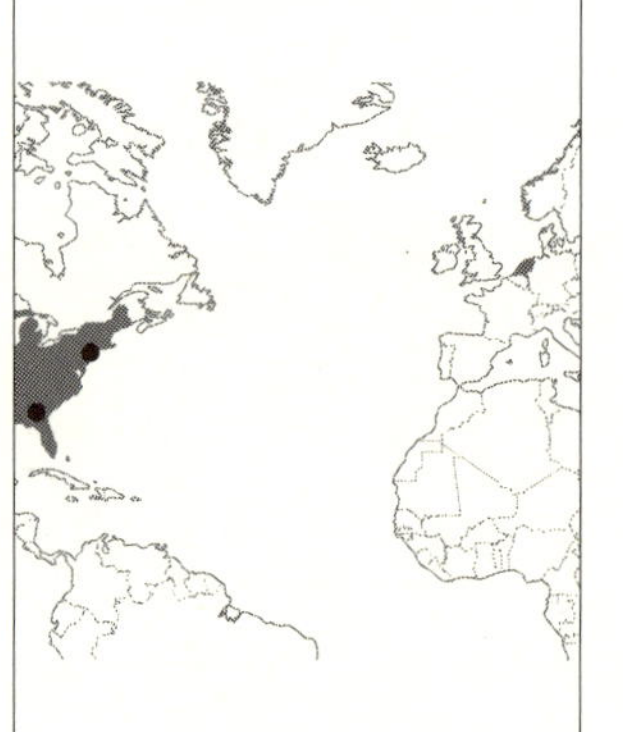

オランダ／アムステルダム・ミドルブルグ
アメリカ／アトランタ・ニューヨーク

天気予報によれば、欧州各地は寒気団の南下に伴い大雪に見舞われるとのことだった。案の定、その日の空の便は大幅にダイヤが乱れた。

イタリアのバーリから飛ぶはずだった直行便はキャンセルとなり、わたしはミラノを経由してどうにかオランダの首都アムステルダムに到着した。

飛行機から窓の外をのぞくと一面の雪景色だ。

汗ばむような地中海沿岸とは打って変わって、急に冬へと逆戻りしてしまったかのようだ。

空港の手荷物受取所でバックパックが出てくるのを待つ間、わたしはポケットから携帯電話を取り出して手帳に書いてある番号にかけた。

電話をした相手はオランダ人の知人で、フリージャーナリストだ。

二〇〇五年、秋。南太平洋のロビンソン・クルーソー島（チリ領）で『ロビンソン漂流記』のモデルとなった漂流者の住居跡を発見した後、わたしは彼からメールをもらい、インタビューに応じた。次の夢を尋ねられ、サンタクロースと答えた。

彼は個人的に興味を示し、オランダに来ることがあったら協力すると約束してくれた。

実際に会ったことはないので社交辞令だったかもしれないが、わたしは彼にメールを送ってみた。すると彼はわたしのことを覚えていて、家に招待してくれることになったのだ。

サンタクロースの旅。

そこには不思議な力が働く。おもしろがって協力してくれる人がいるだけではなく、家にまで迎えてくれる人もいる。まるでわたしはサンタクロースさながらに、世界各地の人の家に自由に出入りできるように感じた。

彼の家があるズウォレはオランダ東部の町だ。空港から電車を乗り継いで一時間半ほどかかった。

再び駅で電話をかけると、彼はわざわざ迎えに来てくれた。初対面でも、旧知の間柄のように話が弾む。

ところが予期せぬことに、彼は前日あたりから風邪を引いて、体調がおもわしくないという。それでもせっかくオランダに来たのだから力を貸したいと言ってくれた。わたしは彼のアパートで旅装を解き、あてがわれた部屋で一夜を過ごした。厚い布団を一枚余計にもらったので凍えることなく眠ることができた。

朝起きると、彼の風邪の具合は一層悪くなっていた。そしてとうとう高熱のために寝込んでしまった。

まさかオランダに来て、病人を看病することになろうとは……。

二日後、彼が快方に向かったことを見届けると、電車で首都のアムステルダムに向かった。

わたしは国立美術館にある一枚の絵を見てみたいと思っていた。

一六六五年頃に完成された『聖ニコラウス祭』だ。

これまでの追跡により、古代地中海に芽生えた聖ニコラウス信仰は中世の十字軍により欧州に広まっていったことがわかった。

十七世紀に描かれたその絵は、聖ニコラウス信仰がヨーロッパ民衆の中に祭りとして定着していたことを示している。

どのような行事だったのか。

作者のヤン・ステーンは十七世紀にオランダの人々の生活を描いた風俗画で知られ、芸術作品のみならず当時の世相や民俗を理解する上でも貴重な資料となっている。そんなステーンの絵を見れば、今から三五〇年も昔の祭りの風景を正確に把握することができるに違いない。

電車はアムステルダム中央駅に到着した。

駅舎の正面に降り立つと目の前に運河が横たわっていた。凍りつくような風が橋の上を吹き抜けていく。

アムステルダムは運河の町だ。

「アムステル川を堰き止めたダム」という意味の名の通り、十三世紀頃、ダムを造り、その近くに魚市場ができて漁村になったのが始まりだという。

町の中心部を取り囲むように水路が張り巡らされている。まるで池に投げられた小石の波紋のように何重にも外へと広がっている。

わたしはホテルに荷物を置き、石畳の街路を歩き始めた。

路面電車が次々とレールを軋ませながら駆けていき、その間を縫うように自転車の若者が小路へと走り去った。

いくつかの運河を渡り、わたしは国立美術館に着いた。

入口でチケットを買って、手渡された案内図を頼りに展示室の奥へと進んでいく。

壁にはヤン・ステーンと同じく十七世紀に活躍したレンブラントの『夜警』、フェルメールの『牛乳を注ぐ女』などが飾られていた。

それらを横目で見ながら、めざす絵の前にたどり着いた。

『聖ニコラウス祭』には思い思いに振る舞う一〇人家族が描かれている。

まず目につくのは人形を抱きかかえている幼い少女だ。

母が「ちょっと見せて」と両手を伸ばすと、少女は人形をかばうようなしぐさを見せる。もらったばかりのプレゼントなのだろう。

幼い少年もゴルフクラブをもらって嬉しそうな表情をしている。当時の子どもはゴルフ遊びをしていたらしい。

聖ニコラウス祭は、子どもがプレゼントをもらう祝祭日だったことがわかる。

右奥の方では幼い二人の弟を連れた兄が暖炉から煙突の中をのぞき込んでいる。

聖ニコラウスはどうやら煙突を通り抜けてやって来たようだ。

また左奥の少女は靴を手に取り、意味ありげに微笑んでいる。

プレゼント、煙突、そして靴（靴下？）。

それらはクリスマスの朝の光景を連想させる。

十七世紀の聖ニコラウス祭は現代のクリスマスとよく似ていたのだ。

しかし全く同じというわけではない。

ヤン・ステーン『聖ニコラウス祭』(アムステルダム国立美術館蔵)

絵の中では、靴を持った少女の前で少年が泣きべそをかいている。その靴に入っている枝鞭（えだむち）から察するに、少年はプレゼントではなく、鞭をもらって泣いているのだ。一年間のいたずらがたたったためなのだろうか。

絵のサイズは縦八二センチメートル、横七〇・五センチメートルほどだ。決して大きいとは言えないし地味な印象だが、見ているうちに絵の中に引き込まれてしまう。秘密は、表現された光の加減にあるのだろう。

部屋の中は薄暗く、手前の人物だけが明るめに描かれ、浮き上がって見える。壁穴から部屋の中をのぞき見た時のような効果がある。

饒舌（じょうぜつ）で臨場感にあふれた画面は、十七世紀の聖ニコラウス祭の様子を伝えてくれる。まるで切り取られた時代の一場面を見るようだ。

絵画を前にわたしは考えた。

聖ニコラウスは子どもにプレゼントを配る人になっている。

そういえば、彼が隣の家に忍び込んで金塊を投げ入れ、売り飛ばされそうになっていた娘たちを救い出すエピソードがあった。

祭りでプレゼントが配られるのはその疑似体験なのだ。

慈悲深い彼からのプレゼントは子どもに幸せを授けるものとされ、人々はご利益にあやかろうとしたに違いない。

初めは船乗りたちに人気があった聖人だったが、信仰が広がるにつれ、子どもの守護聖人とみなされるようになったのだ。

それにしても聖ニコラウス祭はなぜ現代のクリスマスと似ているのだろう?

わたしは美術館を出てカフェに入り、手持ちの資料を広げてみた。

日本から持ってきた文献のコピーの中に次のような一節があった。


「聖ニコラウスの祝日は宗教改革以降の十六・十七世紀に抑圧され、子供たちへの贈り物はクリスマスの夜に与えられるようになった」

(前出『サンタクロースとクリスマス』)


聖ニコラウス祭が抑圧されていた?

思いがけない事実に、わたしは文献を読み進めた。

どうやら事の発端は宗教改革にあるらしい。

それはドイツの神学者ルターがカトリック(旧教)を批判したことに始まった。彼らの宗派はプロテスタント(新教)へと分離していくが、宗教にとどまらず西欧社会全体を二分するような大事件に発展した。

日本人にとってカトリックとプロテスタントの違いはわかりづらい。簡単に言うなら、誰を信仰するのかという点にある。

聖人や偶像など形あるものまで信仰の対象とするカトリックに対して、プロテスタントが信仰したのは神（精霊）のみだった。

ゆえに聖人崇拝にあたる聖ニコラウス祭も禁じられたのだという。

しかしプロテスタント教会は子どもたちがプレゼントをもらえる習慣まではなくすことはできなかったようだ。

苦肉の策として、プレゼントの日は聖ニコラウス祭からイエス・キリストの生誕日であるクリスマスに変更された。プレゼントを持ってくるのはクリスキンドルと呼ばれる子どもの妖精や女性の天使など姿の見えない精霊に置き換えられたという。

聖ニコラウス祭とクリスマス。両者が似ているのはそこに理由があった。

クリスマスにプレゼントを贈る習慣は、宗教改革で聖ニコラウス祭が禁止されたことで始まったのだ。

以後、イタリアを中心とするカトリックの国では十二月六日に聖ニコラウスが、ドイツなどのプロテスタントの国では十二月二十五日に姿の見えない妖精がやって来て、子どもたちにプレゼントを贈るようになった。

それではサンタクロースはどのように誕生したのか。

わたしは『ザ・サンタ・マップ』に書かれていた情報を思い出した。その成り立ちは十七世紀の大航海時代だった。オランダ人によってアメリカにもたらされた聖ニコラウスがその地でサンタクロースとなり、二十世紀にコカコーラが世界中に広めたということらしい。

オランダからアメリカへ渡ったことがターニングポイントのようだ。しかもコカコーラと結びつくことによって、キリスト教の枠さえ越えてしまう。

わたしは現代のサンタクロースの原点となったオランダの聖ニコラウス信仰についてもっと知る必要があると思った。

オランダ人にとって聖ニコラウスとはどのような存在なのだろう。

アムステルダムの市街図で中央駅の近くに聖ニコラウス教会を見つけた。

そこに行けば詳しいことがわかるかもしれない。

カフェを出て駅へと近づいていく。やがて上空に聳(そび)える教会の尖塔が見えてきた。

しかし残念ながら教会は閉まっていた。掲示板の案内によれば平日の昼過ぎからミサが行われるという。

明日また出直そう。わたしはホテルに戻った。

部屋に戻り、椅子に腰かけると急に身体の変調を覚えた。

力が抜けたようにだるくなり、寒気もする。

どうやらジャーナリストの友人から風邪をもらってしまったらしい。寒空の下、歩き回ったのもよくなかったのだろう。

ふとサンタクロースのことを考えた。

彼も家々を巡るうちに風邪をうつされることがあるのだろうか？　贈り物を配り歩く人が、いらない物を逆にプレゼントされるようではたまらない。むろん、わたしだってそうだ。

ふらつく足で外に出て八百屋へと向かう。

海外で風邪にかかってしまったとき、わたしには秘策がある。レモンを丸かじりするのだ。

ホテルに戻り、レモンをポケットナイフでむき、口の中に放り込んだ。

ジュワッと果汁が広がり、あまりの酸っぱさに気絶しそうになった。パンチの効いた酸味が弱った体のねじを巻き、ビタミンCが体の抵抗力を高めてくれる。

効果があってか、翌朝には気分爽快だった。

昼前に聖ニコラウス教会へと行く。門扉（もんぴ）は開かれていた。

わたしは掃除をしている管理人と目が合った。

「ミサが始まるまでだったら、自由に中を見てもいいよ」

赤いマフラーを首に巻いた彼はほうきを壁に立てかけ、わたしに教会の歴史や聖堂内の案内が書かれたリーフレットを持ってきてくれた。

天井から船の模型がぶら下がっている。教会が今なお海と関係が深いことを象徴している。聖ニコラウスはオランダでも、船乗りたちから信仰があるのだ。

祭壇でミサが始まった。わたしは空いていた最後列の椅子に座った。

聖職者の声が響き渡り、堂内の空気が震える。集まった信者は少ないが、熱心な信仰を感じさせた。

礼拝が終わり、聖職者はすぐに帰ってしまった。わたしは残っていた管理人に話しかけてみた。

教会のリーフレットには聖ニコラウス祭のことが載っていない。

年老いた管理人はオランダ語訛り(なま)の英語で答えた。

「子どものイベントだよ。十一月にはテレビで放映されるほどの人気ぶりだ」

わたしはホテルに戻ってネット検索をしてみた。

現在でも、欧州各地で聖ニコラウス祭が行われている。一般的には聖ニコラウスの命日にあたる十二月六日の前日、十二月五日の深夜に聖ニコラウスが家々を巡り、子どもたちにプレゼントを配るという。

オランダでは祭日の数週間前にあたる十一月中旬に聖ニコラウスのイベントが行われているようだ。

俳優が扮する聖ニコラウスがどこかの町に到着し、テレビで全国に生中継される。インフトトとも呼ばれ、冬の風物詩としてニュースにもなるらしい。二〇〇六年は十一月十八日に南西部の都市ミドルブルグで開催されるという。

窓口となる市役所にメールを送ってみると、広報を担当するピーター・ウォドストラ氏から返事が来た。

取材に行きたいと申し出ると、彼は快く協力を約束してくれた。

現代の聖ニコラウス祭は、ステーンが描いた頃と同じなのだろうか。

わたしはその年の冬にまたオランダに戻って来ることになった。

二〇〇六年二月。オランダでひとまず調査を終えたわたしはアムステルダムを出発してアメリカ、フィンランドへとサンタの旅を続けるのだが、ここでは九ヵ月後、オランダに再びやって来た時の話を続けよう。


二〇〇六年十一月。

わたしはアムステルダムのスキポール空港に降り立ち、電車に乗って南へと走り出した。

収穫が終わった晩秋の畑地は土色一色だった。

電車はライデン、ハーグ、ロッテルダムなどを通過して、二時間半ほどでミドルブルグに到着した。

ワルヘレン島にあるミドルブルグは九世紀頃、ヴァイキングの来襲に備えて要塞として造られた町だ。

運河沿いに家が立ち並び、水路を横切るようにたくさんの橋が架かっている。渡ろうとすると信号がちょうど赤に変わった。

橋は真ん中から両岸に折れ曲がって、船がゆっくりと間をくぐり抜けていく。

ホテル到着後、わたしは町役場にいるピーターさんに電話をかけた。

しばらくしてマウンテン・パーカに身を包んだ角刈り頭の男が自転車でやって来た。

「ようこそ。日本からの来客にシンタクラースもきっと喜ぶと思います」

「シンタクラース？」

耳慣れない名にわたしは少々戸惑った。

「オランダでは聖ニコラウスをシンタクラースと呼ぶんです。あなたは彼よりもずっと遠いところから来たんですからね」

「シンタクラースはどこから来るのですか？」

「スペインです」

「？」

ピーターさんは驚くわたしに対し、表情ひとつ変えずに相づちを打った。

「船でスペインから来て、白馬で国内を巡るのです」

「なんだかとても現実的！」

驚くわたしを尻目にピーターさんは続けた。

「昔の名残なのです」

「シンタクラースは聖人というよりも、本当に司教のようですね」

「今では宗教色は薄れましたよ。シンタクラースの祭日は子どもがプレゼントをもらえる、彼らが主役のお祭りなのです」

ピーターさんはイベントのプログラムを鞄から取り出して説明した。

聖ニコラウスは明日、ミドルブルグの船着き場にやって来てタウンホールのある広場まで行進する予定だという。

ルートの下見に出かけるというのでピーターさんに同行してみることにした。

広場には仮設ステージが設けられ、照明や音響の担当者がリハーサルを始めている。

ピーターさんはスーツ姿の人たちを見つけると、足早に歩み寄った。そしてブレザー姿の男をわたしに紹介した。

「彼も市の職員です。歴史に詳しいのでいろいろと教えてくれますよ」

わたしはあらかじめ歴史の話が聞けそうな人を紹介して欲しいとメールで頼んであったのだ。

丸眼鏡の大男はわたしに握手を求めながら挨拶した。

「トビアス・ヴァンヘントと申します。トービと呼んでください」

わたしは十七世紀に描かれたヤン・ステーンの絵を見たことがあると告げ、さっそく彼に質問した。

「オランダの聖ニコラウス祭はどのくらい古くからあるのですか？」

彼は丸眼鏡のツルをいじりながら答えた。

「一四二七年という記録が残っていますよ」

アムステルダムの南東にあるユトレヒトでは聖ニコラウス教会に靴が置かれ、十二月五日に貧しい人への施しが入れられたという。

「靴ですか」

わたしは身を乗り出した。確かにステーンの絵の中にも靴が描かれていた。

彼は会場の設営準備を進める人たちを見ながら続けた。

「今でも聖ニコラウス祭の夜になると子どもたちは暖炉の前に靴を置いて眠りにつきます。中にはニンジンやレタスなどを入れておくんです」

「野菜を？」

「聖ニコラウスが乗ってくる白馬の餌です。彼はそのかわりキャンディやチョコレート、詩などを靴下に入れてくれます」

「どんな意味があるのですか？」

「靴は昔から豊かさのシンボルなんです」

靴や靴下にプレゼントを入れる風習には繁栄への祈りが込められている。それは子宮に子どもが宿るイメージにも通じているようだ。聖ニコラウス祭は、靴を子孫繁栄の象徴とする民間信仰とも結びついている。

オランダでは求婚者に木靴を贈る風習もあったという。隣人に金塊を贈って三人娘を救った聖ニコラウスは子どもの守護聖人となったが、彼女らが無事に嫁いでいったことから結婚の守護聖人ともみなされるようになったようだ。

現代のクリスマスにも靴下が登場する。そのルーツは結婚成就や子宝に恵まれるようにとの願いに通じていたのだ。わたしは恋人同士がロマンチックな気分に酔いしれている日本のクリスマスに身の置きどころのなさを感じてきたが、聖ニコラウスが恋人たちの守護聖人でもあるというから、彼らには正当な理由があったことになる。

わたしはトービさんに質問を続けた。

「子どもたちは昔から聖ニコラウスが来るのを楽しみにしていたのですね」

「いえ、必ずしもそうとは限りません。子どもからすれば、ちょっとドキドキするような体験だったはずです」

聖ニコラウスが持っている大きな帳面には子どもの名前と過去一年間の行いが書か

れてある。彼はいい子にはプレゼントを与え、悪い子は鞭でお仕置きしたという。

「なぜ鞭で打つのですか？」

「悪い子にプレゼントをあげる理由はないでしょう。全ての子どもをよい子にするのが聖ニコラウスの役目でした。今ではプレゼントをくれるだけの存在になってしまいましたけどね」

キリスト教は善悪二元論に基づいている。善者は天国へ行き、悪者は地獄に落ちる。聖ニコラウス祭の鞭は悪者を戒め、教えを広めるために使われたのだろう。

イベント当日、天候は快晴だった。小春日和のさわやかな風と暖かい日差しが心地いい。会場となる広場にはたくさんの人が集まっていた。

一二時三〇分。遠くから楽隊の演奏が聞こえてきた。

船がゆっくりと水路を進んでくる。

甲板にはカラフルな衣装で着飾った人たちがあふれ、先頭に聖ニコラウスの姿があった。

伸びた白いひげ、赤い司教服に冠、手には長い杖を持っている。

船が接岸し、一行は船着き場に上陸した。

わたしは聖ニコラウスに同行している人たちの様子が奇妙なことに気づいた。

顔を真っ黒に塗りたくり、道化役のピエロのような雰囲気さえ漂っている。

何者だろう？

聖ニコラウスは埠頭で白馬にまたがり、黒い顔の従者たちとともに行進を始めた。狭い道は通り抜けできないほどの人だかりで埋め尽くされていた。

黒い顔の従者たちはジャグリングや前転、後転、宙返りを繰り返し、そのたびに子どもたちの歓声を浴びる。

聖ニコラウスは広場に到着し、ステージに上がった。歌や踊りの催しが始まり、集まった子どもたちはメルヘンの気分に酔いしれていく。

イベントが終わったのは午後四時だ。

わたしはピーターさんに誘われてスタッフの控え室に入った。

仕事を終えた人々がサンドイッチをつまみながら、くつろいだ様子で談笑している。

白馬に乗った聖ニコラウス（ミドルブルグ）

　わたしはトービさんを見つけ、近づいていった。

「楽しめましたか？」

　彼の問いかけに微笑みを返し、さっそく質問をぶつけてみる。

「聖ニコラウスはなぜ船でやって来るのですか？」

　ルーツは十六世紀後半に遡るらしい。当時オランダはハプスブルグ家の植民地としてスペイン領の一部だった。教会の司教はスペインから派遣された。その時の習慣で聖ニコラウスもスペインから船で来ると考えられるようになったのだという。

「顔の黒い従者がいたでしょう」

　わたしはうなずいて応えた。

「名前はズワルト・ピートといいます。黒いピーターという意味です」

「大道芸人、あるいはサーカスの道化のようにも見えましたが……」

　トービさんによれば、ズワルト・ピートの起源も十

謎めいた存在のズワルト・ピート

六世紀に遡る。

　スペインから来る船に乗っていた中東の人やアフリカの黒人がルーツだと考えられているという。

「もちろん説は他にもあるけどね。煙突の煤で顔が黒くなったと言う人もいれば、悪魔だと考える人もいます」

　未だ明確な答えはない。中にはズワルト・ピートの正体はそれらの全てだと言う人もいる。昔はこのズワルト・ピートが悪い子に鞭を振るったのだという。

　オランダの聖ニコラウス祭にはスペインの植民地時代の名残があるのではないかとトービさんは言う。

「秘密はおそらく宗教改革にあるのでしょうね」

　十六世紀の宗教改革は、オランダでは単なる宗派の対立だけでは済まなかった。

　カトリックを基盤とする宗主国スペインの圧政に対してプロテスタントが立ち上がり、一五六八年にオランダ独立戦争が始まったのだ。

　プロテスタント側の勝利によりオランダは独立を果たし、聖ニコラウスの信仰も禁じられることになったという。

　トービさんはわたしに向き直って言った。

「オランダでカトリック解放運動が起こり、信仰は二〇〇年後に復活します。人々が再び信仰し始めたシンタクラースは十六世紀の様子と変わらないものでした」

「スペインから船で来ることになっているのはそのためですね」

「その通り」

　彼はうなずいて続けた。

「実はオランダでは、禁止されていた間も聖ニコラウスだけは信仰され続けていたんです。ヤン・ステーンの絵がいい証拠ですよ」

「あの絵に秘密が？」

　驚くわたしの反応を見ながらトービさんが続けた。

「そうです。絵が描かれたのは一六六五年頃とされていますが、ちょうどオランダでカトリック信仰が禁止されていた時代なんです」

探検メモ1

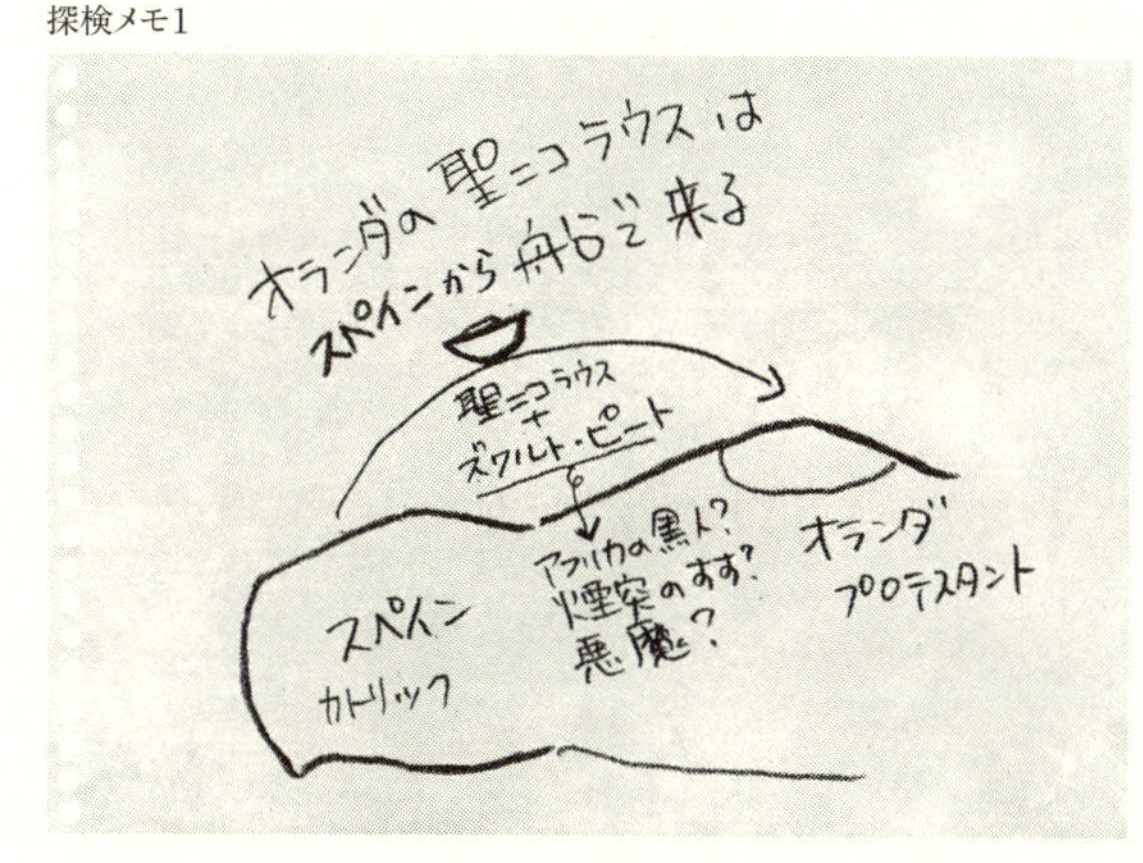

「どういうことですか？」

「オランダ人にとって、聖ニコラウス祭は世俗性の強いお祭りだったのです」

プロテスタントの国として独立したオランダだったが、人々にとって聖ニコラウスはキリスト教の聖人というよりも、民衆の守り神と言った方がよかった。それゆえ表向きは禁止されても、人々は信仰をやめなかったのだ。

聖ニコラウスは古代地中海で船乗りの守護聖人として人気があったが、それは狭い国土に暮らし、海に活路を求めざるを得なかったオランダ人にとっても、頼れる存在だった。海上で死にそうになる危険から身を守ってくれるばかりか、子孫繁栄と子どもへの幸福をもたらす特別な存在でもあったのだ。

「聖ニコラウスへの思いは今でも変わりありませんよ」

トービさんは遠くを見つめるような視線で語った。


ここで時計の針を戻して、二〇〇六年二月へ。オランダの旅を終えたわたしはアメリカへと渡り、南部のジョージア州アトランタへと向かった。

ヨーロッパで信仰された聖ニコラウスはどのようにしてサンタクロースになっていくのか。

サンタマップに記されていたキーワードは大航海時代、移民、コカコーラ。

わたしは聖ニコラウスとサンタクロースを貼り合わせるのりしろを探してみたいと思っていた。

アトランタのコカコーラ本社にメールで問い合わせると、本社の近くに資料館があり、サンタクロースの展示もあるという。

ちょうどアトランタには大学時代の友人が暮らしていた。連絡を取ると、彼はわたしを家に招待してくれるという。

一家にはまだ幼い子どもが二人いるらしい。サンタクロースをどう思っているか聞いてみることができるに違いない。

淡い期待とともに出かけていく。

ところが子どもの人見知りに四苦八苦する。

わたしは努めて微笑みかけ、鬼ごっこをしたいと言われればのろまの鬼役に徹し、サッカーではへたくそなゴールキーパーを演じた。遊びはさらにかくれんぼ、絵本読み、折り紙と続いていく。

気がつけばもうへとへとだ。

風邪をうつされるわ、子守りをしなければならないわで、世界各地のお宅訪問も楽ではない。

子どもの心を一瞬でとらえるサンタクロースはやはり偉大だ。

わたしは一家とともに車で高層ビルが立ち並ぶアトランタ市街をめざした。片側六車線もある高速道路ダウンタウン・コネクターに入る。道路はまるで巨大な川のようだ。車が自走しているというよりも、どこかに流されているのではないかという錯覚に陥る。

しばらく行くと遠くから大きな丸看板が見えてきた。赤い背景に白い文字でコカコーラと書かれている。

ワールド・オブ・コカコーラと呼ばれる資料館だ。中に入ると昔の瓶詰め工場の様子が再現され、コカコーラの古い広告看板や陳列台などが並んでいた。

観光客の流れに乗って、展示室の奥へと向かう。

コカコーラが誕生したのは一八八六年のことだ。売店の店員が原液のシロップを間違って炭酸水で割って出したのが一躍評判となり、コカコーラとして売り出されるようになったという。

わたしはガラスケースの中に掛けられた一枚の油絵の前で立ち止まった。

コカコーラの広告に使われた原画だ。

白いあごひげをたくわえた太った老人が赤いコートに身を包み、やさしく穏やかな笑みを浮かべている。わたしが子どもの頃に親しんだサンタクロースのイメージそのものだ。

シカゴのイラストレーター、ハッドン・サンドブロムが描いたものだ。サンドブロムは一八九九年ミシガン州マスケゴンに生まれた。彼はアメリカで北欧移民の子として育ち、イラストレーターとして活躍するようになった。

そしてコカコーラ社から依頼を受け、サンタクロースがプレゼントを配っている途中でコーラ片手にひと休みするというモチーフを生み出す。

広告は一九三一年から一九六四年までのクリスマスシーズンに登場し、やさしく微笑むコカコーラ・サンタは人々の心をとらえ愛される存在となった。サンドブロムの絵は四〇枚以上を数え、コカコーラが普及するにつれ国境を越え、世界的に知られる

コカコーラ・サンタ
（ワールド・オブ・コカコーラ／アトランタ）

ようになっていったらしい。

日本でもクリスマスシーズンが来るとこの広告を目にする。いつしかサンタといえば、多くの人がコカコーラ・サンタを思い浮かべるようになった。

やはり現代のクリスマスやサンタクロースは商業主義の申し子なのだ。サンドブロムは何をもとにサンタクロースのイメージを作り上げていったのだろう。地中海の聖ニコラウスとは明らかに違う。

わたしは近くにいた案内の若い男に声をかけてみた。

「コカコーラ・サンタにはモデルがいたのですか？」

彼はさわやかな笑顔で答えた。

「よく聞かれる質問です。彼は鏡に映る自分を描いたのですよ」

「自分がモデル！」

「ええ」

「じゃあ、彼もひげを生やしていたのですか？」

「いいえ」

案内の男は近くにあったモニターを操作し、映像を作動し始めた。そこにはサンドブロムの肖像が映し出された。

「見ての通り、ひげは生やしていません。彼は鏡の前でポーズをとったり表情を作って描いたというわけです」

なるほど。コカコーラ・サンタとサンドブロムの顔を比較すると太っている点ばかりか、目の辺り、特に眉毛はそっくりだ。

わたしはまた尋ねた。

「コートの赤い色はコカコーラのロゴ色に由来するのですか？」

「ええまあ。コカコーラがサンタクロースを生み出したと考える人もいるのですが、ちゃんとお手本となったものがあるんですよ」

彼は壁の解説を指さした。

そこには「聖ニコラウスの訪問」という一編の詩が紹介されていた。

英文で五六行の詩の冒頭は次のように始まる。

「クリスマスの前夜
ねずみさえ寝静まった夜
暖炉の横には
靴下が願いを込めてかけてある。
聖ニコラウスはやって来るかな」

詩の一節を読んでわたしは不思議に思った。

聖ニコラウスがやって来るのは十二月二十四日のクリスマス・イブだという。

本来、聖ニコラウスの祭日は十二月六日だったのではなかったか。

ローマ教会への反発が宗教改革を生み、宗派が二つに分かれた。カトリックは従来通り聖ニコラウス祭を続けたが、プロテスタントはプレゼントを贈るのは妖精とし、祭日をクリスマスの日に移してしまった。対立する宗派の壁に阻まれて、クリスマスと聖ニコラウスはヨーロッパでは互いに結びつくことはなかった。

しかし十九世紀のアメリカで、それが起こった。

一八二三年頃に書かれた一編の詩の中に登場する聖ニコラウスは、クリスマスにやって来るのだ。

わたしは「聖ニコラウスの訪問」の作者について調べてみた。

作者のクレメント・クラーク・ムーアはニューヨークにあるコロンビア・カレッジ（現コロンビア大学）の神学教授で、ヘブライ語辞典の編纂（へんさん）者としても知られている。

彼は一八二三年頃、病気を患っていた子どもを楽しませるために詩を書き、神学教授という立場から匿名で発表したのだとされる。詩は人気を獲得し、再版された。

たとえ匿名であっても、キリスト教学の権威がクリスマスと聖ニコラウスを結びつけて詩を読んだこと、さらにニューヨークの人々の共感を得たという点からも、それを自然に受容する文化的背景があったことは明らかだ。

双方を結びつけたものは何だったのか。

ニューヨークへ行ってみよう。

答えはきっと旅の中にある。

コカコーラ・サンタの絵画の前でそんなことを考えていると友人が家族とともに近づいて来た。

わたしはまだあどけない娘さんにサンタはいるのだろうかと聞いてみた。するとサンタクロースのことがよほど好きらしく、彼女は熱心に話し始めた。サンタは疑うべくもない確かな存在なのだ。

父親である友人はそんな自分の娘に目を細めた。

彼の何気ない振る舞いにわたしは少々違和感を覚えた。

彼とは大学時代、クリスマスだからといって鼻の下を伸ばしている同級生をいっしょにこき下ろしたことがある。どこか不埒（ふらち）な日本のクリスマスに反旗を翻（ひるがえ）した仲間だった。

ところが今の彼には家庭があり、サンタを信じる子どもがいる。

それを見て、わたしは気がついた。

クリスマスとは、家族のぬくもりのようなものだ。

子どもにはサンタがやって来る。そこには家庭の温かさがある。

しかし子どもはやがてサンタの正体を知る。親からプレゼントをもらえなくなると、今度は自分が家庭をもうけ、わが子にプレゼントをあげるようになるまで孤独な時間を過ごさなければならない。

その孤独を埋めようとするのが、恋人と過ごすクリスマス願望なのかもしれない。

いわばそれは昔の思い出をまさぐり、将来の家庭を模索し始める青春時代のことだ。

日本のクリスマスには、どこか幸せな家庭の象徴のようなところがある。


アトランタを後にし、ニューヨークへと向かった。

ラガーディア空港に降り立ち、すぐに乗り合いタクシーでマンハッタンへと向かう。

車は州間高速道路二七八号から四九五号をひた走った。

やがて遠くにビル群が見えてくる。トンネルをくぐり抜けてイースト・リバーを渡れば、そこはマンハッタンの摩天楼だ。

立ち並ぶビル群はまるで巨大樹の林のように見えた。その下を走る車列は行進する蟻(あり)も同然だ。

ガラス張りの摩天楼に乱反射する日の光。

化け物のように唸(うな)り声を立てるビル風。

世界のどこへ行っても、似たような光や風の感じ方をしない。摩天楼は人間が造ったものだというのに、どこにも存在しない物語の中に紛れ込んだようなファンタジーを連想させる。

わたしはこの都市でサンタクロースの足どりを見つけられるような予感がした。まず向かったのは探検家クラブだ。

七〇丁目東四六番地にあるクラブ本部にはメンバー専用のラウンジがあり、探検家たちにニューヨークでのちょっとした止まり木を提供している。

会長（当時）のリチャード・ワイズ氏が在室中であると知り、わたしは挨拶に出かけた。彼は数年来の知人で、わたしのロビンソン・クルーソーの探検プロジェクトに推薦状を書いてくれたひとりでもある。

聖ニコラウスの話を持ち出すと彼はわたしにこう言った。

「ヤンキーって知ってるだろ？」

「野球のニューヨーク・ヤンキースのヤンキーですか？」

「そう。ニューヨークっ子のことをヤンキーというけど、それは元をただせばオランダ人の名前なのさ」

ワイズ氏によれば、ヤンキーとはヤーンとキース、オランダ人に数多くいる二つの名前をつなげた言葉だという。ニューヨークはヤーンとキースであふれていた時代があったということらしい。

そもそもニューヨークに初めて入植したのはオランダ人だった。彼らは一六二五年、マンハッタン島の南に集落を造り、故国の首都にちなんでニューアムステルダムと命名した。その地に聖ニコラウス信仰をもたらしたのも彼らだった。

しかしニューアムステルダムは、わずか三九年でイギリス人の手に渡りニューヨークと改称された。

「ヤンキーはニューヨークに残された、オランダ人最大の足跡と言っていいんじゃないかね」

ワイズ氏はそう言ってわたしの歴史追跡の前途を祝福してくれた。

わたしはニューヨーク歴史協会を訪ねてみることにした。セントラルパークの西側に立つ石造りの建物で、高く大きな入口は金文字で飾られている。図書館では閲覧者が物音ひとつ立てずに本を読みふけっていた。

本との出合いは著者との出会いを可能にする。図書館に集められた古書の山は、出会えるはずもない数百年も昔の人たちとの出会いを現実のものとしてくれる。

歴史を追い求める旅にとって、手がかりを与えてくれるのはいつもそれぞれの土地に長年生きてきた古老たちだ。彼らの言葉は歴史の証言そのものだ。

旅先で図書館に通うのは、時空をさらに超えたいがためだ。それもまたわたしにとっては、かけがえのない旅なのだ。

ムーアの詩が書かれた十九世紀前半、ニューヨークにはまだ摩天楼はなかった。アメリカ独立戦争（一七七五—一七八三）の後、言葉や生まれ育ちもまちまちの人たちが新天地を求めて押し寄せていた。

多くの人種がひしめき合う都市は自由なコスモポリタンだったが、いいことばかりではなかった。言葉や文化の違いは互いの反目や対立を引き起こすこともあった。それではなかなか都市の発展は期待できない。

ニューヨークで生まれ育った商人のジョン・ピンタードは、町を築いた先人への尊敬が人心をひとつにまとめ、未来を切り開いていく原動力になると考えた。

彼はニューヨークの礎（いしずえ）を築いたオランダ人を開拓者と考え、オランダ領時代の習慣を復活させようとした。中でも注目したのが聖ニコラウスだった。彼は聖ニコラウス祭にあたる十二月六日に歴史に関する講演会を開いた。

当時のアメリカ人にとって聖ニコラウスはどのような存在だったのか。

『ニューヨークの歴史』（一八〇九）を書いた作家のワシントン・アーヴィングはオランダ領時代の聖ニコラウスについての伝説をこう記している。

「聖ニコラウスが荷馬車に乗って、空から木のてっぺんに舞い降りた。荷台には子どもたちに届けるプレゼントが積まれている。(中略)彼はパイプに火をつけてタバコを吸い始めた。(中略)煙がもくもくと様々な形になり、宮殿や丸屋根の建物、天を刺すような尖塔になった」

実際にオランダで確かめたように、聖ニコラウスはキリスト教の聖人というよりも頼れる民衆の守り神だった。

ニューヨークでも、聖ニコラウスはパイプの煙によりマンハッタンに摩天楼ができることを予言したとされ、ニューヨークの守護聖人と考えられるようになっていった。さらに姿形にもキリスト教の聖人の面影はなく、空飛ぶ荷馬車にプレゼントを積んでやって来る妖精に近いものとして描かれている。

それがいつしかニューヨークのプロテスタントたちの間で、クリスマスにプレゼントを持ってくる妖精とみなされるようになった。当時、人気があったムーアの詩の影響も大きかった。

聖ニコラウスとクリスマスがニューヨークで結びついたのは、ごく自然の成り行きだったのだ。

半世紀が過ぎ、それはすっかり定着していた。

ニューヨークの人たちは当初、聖ニコラウスをオランダ風の読み方（シンタクラース Sinterklaas）で「サンクトクラース」（Sancte Claus）と呼んだ。それに影響を受けながら、英語読みの「セント・ニコラウス」（Saint Nicholas）の「ニ」が抜け落ちて、サンタクロース（Santa Claus）へと訛っていった。

わたしはこれまで聖ニコラウスがサンタクロースに置き換わったのではないかと思っていたが、どうもそうではないらしい。

オランダ人とともに海を渡ってやって来た聖ニコラウスは、アメリカに定着するにしたがいサンタクロースと呼ばれるようになったのだ。

そしてクリスマスと結びついたことで、彼の外見も一変してしまう。

十九世紀後半に人気を博した『トーマス・ナストのクリスマス画集』（一八九〇）によれば、サンタクロースはぶ厚い毛皮の衣服を身につけていた。

ムーアの詩の中で乗り物も荷馬車から橇（そり）に替わった。橇を引いているのも小さな八頭のトナカイだ。

わたしは彼の詩を注意深く読み返し、ある一節に目が留まった。

「丸ぽちゃの陽気な老エルフ」

ムーアは、聖ニコラウスは「エルフ」だという。

わたしはすぐに事典を引いてみた。


「エルフは精霊（スピリット）を意味し、後には妖精も小人も魔法使いまでも包括した（中略）北欧スカンディナヴィアの人々は、エルフ、あるいはハルダー・フォルク（隠れた人たち）と呼んでその存在を信じつづけてきた」

（『妖精学大全』井村君江　東京書籍　二〇〇八）


エルフとは北欧の人が信じた妖精だという。

なぜムーアは聖ニコラウスをエルフと呼んだのだろう。

残念ながら、本人が理由を述べた記録は残されていない。

クリスマスと北欧のイメージが結びついたものは他にもある。ムーアの詩が発表されたのとちょうど同じ頃、一八二一年に刊行された作者不詳の本『子どものともだち』の中でも、サンタクロースは毛皮のコートに身を包み、トナカイが引く橇に乗っている。

十九世紀のニューヨーカーたちは、クリスマスや聖ニコラウス（サンタクロース）

を北欧文化と重ね合わせてイメージしていたことがうかがえる。

前出の『ニューヨークの歴史』にも興味深い記録がある。

著者のアーヴィングは、危険な妖術のことを「ラップ人の魔法」と呼んでいる。彼は北欧に暮らすトナカイ遊牧民のラップ人をマジカルな存在としてイメージしていた。それはラップ人が行っていたシャマニズムの儀礼と関係があるのだろう。

いつしかクリスマスにやって来る妖精は、北欧の妖精と同じものとみなされるようになっていったのだ。

北欧の妖精とはどんな存在なのか。

ここまで追跡してきて、サンタクロースの秘密を探る糸口が見えてきた。

サンタクロースという大河は、遡ると二つの支流に分かれているのではないか。ひとつはこれまでたどってきた古代トルコに実在した聖ニコラウス。そしてもうひとつの流れは妖精だ。

サンタクロースをつくり上げた二つの流れは、カトリック（聖ニコラウス）とプロテスタント（妖精）の信仰を象徴するものでもある。そしてわたしは、プロテスタントが信仰した妖精を遡ってみないうちは、大河の全容を発見することはできないのだ。

「エルフ」という北欧の妖精を追跡すれば、きっとサンタクロースのもうひとつの支流を明らかにすることができるに違いない。
北欧へ行ってみよう。
行かなければ、何もわからない。
行けば、きっと何かがわかる。

第3章

極北のヤギ

フィンランド／ロヴァニエミ

極北の青い空。

低い太陽が斜めから光を降り注ぎ、白く凍った大地は目を開けていられないぐらい眩しく輝いている。

わたしは氷結した道をゆっくりと歩いていた。足を踏み込むたびにブーツのゴム底が、ザクッ、ザック、ギュッと音を立てる。

道は黒い林の脇をすり抜けるように続く。

林の奥から声が聞こえ、二人のクロスカントリースキーヤーが滑り出てきた。彼らは風のように樹間(じゅかん)を抜け、雪上に流線型のシュプールを描きながら遠ざかっていく。

白い吐息が漂い流れるまま木立の中に取り残された。

二〇〇六年三月。わたしはサンタクロースを追いかけてフィンランドにやって来た。首都ヘルシンキから飛行機を乗り継いで北上し、北緯六六度の北極圏に近いロヴァニエミに降り立った。

町の郊外にはサンタクロース村があるという。サンタクロースが暮らす村として知られ、冬になると世界中の人々に向けてクリスマスカードが送られる。

子ども向けのテーマパークだというから、わたしの好奇心は満たされないかもしれない。しかし現地の人たちが施設を造ったのにはそれなりの背景があるはずだ。土地に根づく文化や風習が謎解きの手がかりとなるかもしれない。

アメリカでたどり着いた現在のサンタクロースの原型は、エルフと呼ばれる北欧の妖精だった。

トナカイとともに寒冷地で生きてきた人々の暮らしや考え方にサンタクロースの萌芽となったものを見つけることができるに違いない。

わたしは一路、サンタクロース村をめざした。

空には一片の雲もない。光を照り返す目映い大地に立つと、見上げる空はほの暗く、透き通るような藍色をたたえている。極北の冬の青空は光がわずかにしか届かない深い海と似ている。人を容易には近づけない美が潜む。

春の訪れを予感させはする。しかし町はいまだ厚い氷雪に閉ざされたままだ。風も肌を刺すように痛い。

バス停で待っていると、道の上を転がるように一台のバスが到着した。

フロントガラスの行き先に「ナパピリ」という文字が見える。それはフィンランド語で北極圏という意味だ。

「サンタクロース村まで行きますか？」

帽子を目深にかぶった運転手は黙ってうなずいた。

何となく取っつきにくい。

空から光が際限なくあふれ出してくるように陽気だったトルコ人とは対照的に、フィンランドの人々は降り積もった雪が地面に固まっていくように感情を内に秘める。

これまでとは違う世界の一角にやって来たことを実感する。

バスに乗客は誰も乗っていなかった。わたしは前方の席に腰を下ろした。

窓の外を氷雪と森がゆっくりと流れていく。まるで白と黒のパッチワークを見るようだ。

観光地に遊びにいく気軽さで北極圏行きのバスに乗り込んだはずなのだが、いつになく緊張している。

思えば子どもの頃、本当にやってみたかったのはこんなことだった。サンタクロースが暮らしている場所へ自分から会いに出かけられないだろうか。幼い頃、わたしはそんな思いを抱いたことがあった。

バスの車輪が雪道を回転するたびに、時計の針が逆回りしていくような気分に陥る。わたしは夢を膨らませていた子ども時代の続きが始まっていることに気づいた。

単調な雪景色の中から、三角屋根の建物が見えてきた。壁に赤いとんがり帽子をかぶったサンタが描かれている。

サンタクロース村だ。

村の入口に大きな雪玉を三つ積み上げた雪だるまが立っていた。それは村を守るトーテムポールのようだ。石製の地球儀が置かれ、そこから先が北極圏であることを示している。

雪にすっぽりとおおわれた敷地を歩いていくと、ログハウス調の建物が目に留まった。

看板には中央郵便局と書かれている。

室内は暖かく、暖炉の前にロッキングチェアとクリスマスツリーが飾られていた。引き出しがたくさんついた仕分け棚に世界中から届いたサンタクロースへの手紙が保管されている。

部屋の一角にカウンターが設けられ、数人の郵便局員が机に向かっていた。

　わたしは眼鏡をかけた女性の郵便局員に話しかけた。

「ずいぶんたくさんの手紙があるんですね」

「ここにあるのはほんの一部ですよ。今まで一八〇ヵ国以上の子どもたちから手紙が寄せられました。サンタクロースも世界中に向けてメッセージを送っています」

「わたしも受け取ったことがあります。今回はサンタクロースと話をしてみたいと思ってやって来たんです」

　冗談半分に言うと、彼女は真顔で答えた。

「サンタクロースならオフィスにいますよ」

「オフィス？」

「ええ。いろいろと教えてくれるはずです」

　場所を教えてもらい、わたしは三角屋根の

サンタクロース宛の手紙がしまわれた棚

建物へと進んだ。

入口に「サンタクロース・オフィス」と看板が出ている。

重い扉を押して中に入った。薄暗く静まり返っていて、人の気配は感じられない。

通路の奥にカーテンがかかっている。半分開いているから、その先に部屋があるのかもしれない。わたしは吸い込まれるように入っていった。

するとどうだろう。暖炉の前に古風な地球儀があり、椅子に白いひげの老人が座っているではないか。

サンタクロース！

老人は白いシャツと真っ赤なチョッキ、緑色のズボンをはいている。突然入ってきたわたしに驚く様子も見せずくつろいだ雰囲気だ。

わたしはその場に呆然と立ち尽くした。

老人は隣の椅子に座るようにと手招いた。

「ようこそ。外は寒かっただろう。今年は雪が少ないわりに寒くて困るよ」

彼はまるでわたしと顔見知りであるかのように話しかけた。

北欧の老人の振る舞いはサンタクロースに扮していることさえ感じさせないほど自然だった。わたしはリラックスした雰囲気の中で気ままに尋ねた。

「寒いのは苦手なのですか」

「もちろんだよ。春が待ち遠しくてなあ」

「いつもここにいるのですか？」

「ああ、三六五日」

「でもクリスマス・イブの夜にはプレゼントを配るために世界中を旅するのでしょう？」

「いや、ここにいる。訪ねて来る子どもたちに会うためだ」

わたしはどうにも納得がいかなかった。

「プレゼントを配りに行かないのですか？」

「もちろん行くとも。イブの夜に出かけて、出発した時間に合わせて帰ってくるのだ」

「？」

サンタクロースは笑みを浮かべた。

「アルベルトに会ったおかげでな。タイムマシンで時空を超えた旅ができるようになったんだ」

「アルベルト？」

「そう。アルベルト・アインシュタイン」

思いがけない展開に、わたしは辛うじて合いの手を入れた。

「サンタクロースの世界も進歩しているのですね」

サンタは小さな眼鏡をかけ直した。今では世界中の子どもたちからインターネットやメールでもメッセージが届くようになり、二〇〇一年は七〇万通もあったという。

「わしは全部に目を通しているよ」

「それだけで一年が過ぎてしまうのではないですか」

「たくさんのエルフたちが手伝ってくれておる」

「エルフ?」

サンタクロースの口から突然エルフの名前が発せられたので、わたしはちょっと驚いた。

「フィンランドに昔からいる小人の妖精たちだ。わしの仕事を手伝ってくれる」

「他にはどんな仕事があるのですか?」

「子どもたちが一年間いい子にしていたか、悪い子だったか、ひとりひとり調べるのがエルフの仕事だ。わしはそれをもとにプレゼントを決める。子どもたちをいい子にするのが大切な役目だからな」

わたしも昔のことを思い出した。

「両親から『悪い子にしているとサンタが来ない』と言われたことがあります」

彼は苦笑し、最近ではサンタクロース村にやって来た人から頼まれて子どもに言い聞かせることもあるのだと語った。

それまで漠然と抱いていた疑問が氷解していくような思いがした。

大人はサンタがいないことを知っている。

しかし子どもが生まれると、急にどこかからサンタクロースを持ち出してくる。

なぜだろう?

親が子どもだった頃を懐かしく思い出すからというよりも、プレゼントやサンタを子どものしつけに利用するためではないか。

子どもにサンタクロースを教えるのは、しつけがきっかけなのかもしれない。

フィンランドのサンタクロースと

しかしサンタはそれだけの存在とは思えない。

親にとって都合がいいだけの存在だったならば、このように世界中に広がり、世代を超えて愛されることはなかったはずだ。

会話が弾むうち、わたしは子どもの頃に抱いた疑問を尋ねてみたい衝動に駆られた。

「雪が降っていない所へも橇で行けるのですか？」

サンタはすぐに答えた。

「トナカイに秘密のコケを食べさせるのじゃ。もの凄いスピードで駆け、空を飛べるようになる。オーロラの光の道に乗ってタイムゾーンを超えることもできるというわけだよ。雪が降っていなくとも旅はできる」

「煙突のない家にはどうやって入るのですか？」

「最近は煙突のある家が少なくなってしまって困りものだ。でも簡単だよ」

「扉には鍵がかかっていますよ」

「どちらにしてもわしはエルフの助けを借りることにしておる。彼らは壁を通り抜ける魔法の術を知っているからな」

「エルフはどのくらいいるのですか？」

「数え切れないほどだ。それぞれに名前がついているよ」

わたしは思いつくまま疑問をぶつけた。

「サンタクロースもエルフなのですか？　アメリカ人の詩には老エルフとして出てきます」

　彼はゆっくりとわたしに視線を向けた。

「フィンランドでは、サンタはエルフじゃない。サンタはヨールプッキと呼ばれている。人々にプレゼントを届けるウィンター・ビジター（冬の訪問者）のことだよ」

「ヨールプッキは昔からいるのですか？」

「そう。サンタクロースと呼ばれるずっと昔から」

　長い冬の間、深い雪に閉ざされ食料不足などの困難を経験してきたフィンランドの人々は、互いに物資を配り歩くようになった。それが家庭や集落ごとに登場するヨールプッキによるプレゼントの始まりだった。

　ひとりで厳しい季節を乗り越えるのは大変だが、みんなで力を合わせれば何とかなる。ヨールプッキには助け合いの精神、生きる知恵と思いやりが込められてきたというのだ。

　そこにフィンランドのサンタクロースの核心があるのではないか。

「ヨールプッキについてもっと詳しく知るにはどうしたらいいでしょう」

　彼は少し考えてから答えた。

「ならば友人を紹介しよう。彼らもきっと喜ぶだろう」

わたしは思わず興奮した。サンタクロースが友人を紹介してくれるというのだ。

「お友だちとはどうやって会えばよいでしょう?」

彼は肩をすぼめてみせた。

「待っておればよろしい」

どう反応したものか、わたしは戸惑った。

彼はほんの冗談で小人の妖精エルフを紹介しようと言っているだけかもしれない。サンタとの会話から、いつしか現実と非現実の境目が曖昧になってしまったようだ。探検はたとえ想像の世界に踏み込んでも、現実の中に答えを見出していかなければならない。夢の中に妖精エルフが出てくるというだけでは困るのだ。

わたしは自分の名前と宿泊先を書いてサンタクロースに渡した。

彼はメモを受け取り、笑顔でうなずいた。

「友人からはいずれ連絡がいくだろう」

お礼を言って部屋を出た。時計を見ると二時間近くも経っている。サンタクロースとこんなに長話をすることになろうとは!

彼との出会いは実り多いものだった。フィンランドのサンタクロースがもたらすプレゼントは、人々が厳冬期を乗り越えるための糧であり心の絆だったという。子どもへの贈り物というだけではなく、人々が社会の中で互いに寄りそって生きる助け合いの精神を象徴するものだとのこと。

わたしはサンタクロースに会いたかった子どもの頃の夢が叶えられ、満ち足りた気分だった。興奮の余韻はしばらく心を温かく包み込むように残った。

町に戻ると、かまくらを思わせる雪室(ゆきむろ)が目についた。

看板にバーと書かれているので扉を押して中に入ってみた。

カウンターばかりか、テーブルや椅子、青く光る彫刻のオブジェなど全てが氷でできている。氷の上にはトナカイの毛皮が敷かれ、ろうそくの光が揺れていた。

おとぎの世界にでも迷い込んだような気分だ。

アイスバー（ロヴァニエミ）

じっと動かないカウンターの女性までが氷製ではないかと思えてきた。わたしはクールに微笑む彼女におすすめのフィンランドの酒があればと言って注文した。彼女は氷でできたグラスにウオッカを注いで出してくれた。氷のグラスに口をつけると唇から冷気が体内に流れ込んでくる。度数の高い酒は凛とした感覚を舌の上に残し、じわじわと体内を燃やすように駆け巡った。

北欧の人たちは長い冬をじっと耐え忍ぶだけではなく、楽しんでもいる。きっとその延長線上にサンタクロースが誕生したのだろう。

ウオッカを一杯ひっかけた後、ホテルのサウナに直行した。体が火照ってくるとまた氷の酒場が恋しくなってくる。

電話でやりとりをし、サンタクロースの友人と会ったのは翌日の午後四時半だった。北極圏では三月でもまだ日が短い。周囲はすでに真っ暗だ。

初老の男性二人がホテルのロビーにやって来た。

ひとりはサンタクロースのように太り、もうひとりはあごに豊かな白ひげを生やしている。

さすがはサンタクロースの友人！

見とれていると、太った方の男性が話し始めた。

「マウリと申します。サンタクロースから話を聞いて来ました。こちらはエサさんです」

わたしは二人をロビーの脇にある喫茶室へと誘った。

「サンタクロースから友人を紹介してもらえるとは夢にも思っていませんでした」

やって来てくれたお礼を述べると、太ったマウリさんは笑いながら答えた。

「サンタクロース・エンタープライズでディレクターをしています。サンタが外国へ出かける時に手配や準備を行うのです」

「サンタには付き人がいたのですね」

「毎年クリスマスシーズンになると、世界各地からお呼びがかかって引っ張りだこなんです。日本にも何度か出かけましたよ。とても人気がありますから」

「ご自身でもサンタクロースに？」

「いやいや」

マウリさんは口ごもりながら隣に座っている白髪のエサさんに話の矛先を向けた。

「エサさんはもとロヴァニエミ市の文化局で働いていた方です」

わたしとしては歴史をすぐにでも掘り下げてみたいところだが、彼の立派な白いひげが気になる。我慢がならなくなって尋ねた。

「ご自身でもザンタクロースに？」

エサさんは周囲を気にするような素振りを見せた。

「いえいえ」

「立派な白ひげはどう見ても……」

わたしがあきらめ切れずにいるとマウリさんが制した。

「しっ！　サンタクロースには決して正体を明かしてはならないという決まりがあるのです」

わたしは仕方なく本題に入った。

「サンタクロース村はいつからあるのですか？」

太ったマウリさんがテーブルに肘をついたまま答えた。

「一九九二年からです」

「思ったより新しいのですね」

わたしはたたみかけるように次の質問をした。

「村ができる前もサンタクロースはいたのですか？」

「ええ。サンタはコルヴァトントリという丘で暮らしていました。実は今もそこに秘密の住処があります。オフィスがあるロヴァニエミの村とは別にね」

「どの辺にあるのですか？」

「ロシアとの国境に近い辺鄙（へんぴ）なところです」

「行ってみることはできますか」

「いや。道も通じていないので誰も行く人はいません」

「もともと人々に知られている場所だったのですか」

「いえ。一九二七年にラジオ番組でパーソナリティが『サンタクロースはエルフやトナカイといっしょにコルヴァトントリで暮らしている』と言ったのがきっかけでした」

その丘は耳のような形をしていたことからフィンランド語でコルヴァ（耳）と呼ばれていた。フィンランドの人々にとって、サンタクロースは分け隔てなく人々の声に耳を傾ける存在だった。ラジオを聞いていた人にとって、コルヴァトントリ（耳の丘）はサンタクロースが暮らす土地としてイメージにぴったりだったようだ。

わたしはフィンランドのサンタクロースについて尋ねてみた。

「どのくらい昔に遡るのですか」

それまでのやりとりをじっと聞いていた白ひげのエサさんが口を開いた。

「起源はずっと古いのです。ヨールプッキの風習は一〇〇〇年も前からあったという人もいます」

「サンタクロースの古い形がヨールプッキなのですか？」

「両者は同じです。今でもわれわれはサンタクロースをヨールプッキと呼びます。しかし昔は随分と違う姿形をしていました。老人ではなかったのです」

「老人ではなかった?」

「ええ。ヤギでした」

「ヤギ!」

驚くわたしを前にエサさんは淡々と続けた。

「ヨールプッキのヨールはクリスマスという意味で、プッキはヤギです。つまりクリスマスのヤギなのです。正確に言えば角と毛皮を身につけたヤギ男です」

「ヤギ男!」

わたしはさらに驚いた。

「ヤギ男がプレゼントを届けるのですか?」

「その通り。よい子にはプレゼントを。悪い子にプレゼントはありません」

隣でじっと話を聞いていたマウリさんが続けた。

「フィンランドのヨールプッキは時代とともに変わりました。今では赤いコートに白いひげの老人の姿をしていますが、ルーツをたどればヤギ男に行き着くのです」

「ヤギ男は今もいるのですか?」

わたしは二人の顔を見た。

「残念ながらもういなくなりました」

エサさんは白いひげを左手で撫(な)で、どこか遠くを見つめた。

マウリさんは何かを思い出すようにわたしに尋ねた。

「サンタクロース村の博物館にヤギ男のヨールプッキが展示されています。ご覧になりましたか？」

それは最近増築されたばかりの棟の中にあるという。

サンタクロースに出会えた興奮もあってか、うっかり見落としてしまったらしい。

「じゃあ明日にでもご案内しましょう。ヨールプッキの変遷が一目でわかるはずです」

マウリさんはそう言い、カップに残ったコーヒーを飲み干した。


彼が再びホテルのフロントにやって来たのは次の日の正午だった。

車に乗り、途中でエサさんを拾ってサンタクロース村に出かける。

見落としていた展示室は郵便局の奥にある新しい建物の中にあった。

クリスマスハウスと呼ばれ、フィンランドばかりか各国のクリスマスの変遷を大まかに見ることができる。

ひげのエサさんはわたしを奥へと誘い、ある展示コーナーの前で立ち止まった。

「昔のヨールプッキです」

わたしは一瞬、息を呑んだ。

「これが！」

ヤギ男のヨールプッキ

ヤギというよりは怪物だ。

毛皮に穴を開けただけの仮面をかぶり、頭には先の尖った角が伸びている。全身が野獣の毛でおおわれているが、二本足で直立歩行をする。

まさに悪魔か鬼だ。

エサさんは懐かしそうに言った。

「こんな姿のヨールプッキが昔は家々にやって来たものです」

「怖い！　赤いコートや白いひげ、微笑むサンタクロースのイメージとはかなり違いますね」

　マウリさんは展示を見ながら子どもの頃の思い出を話し始めた。

「夜になって父が外出している間にヨールプッキがやって来ました。父は帰宅するとわたしに『ヨールプッキに会えなくて残念だった』と言ったのですが、本当は父がヨールプッキだったのです」

　ヨールプッキとクリスマスはどんな関係にあるのだろう。

　わたしの疑問にエサさんが答えた。

「もとは冬至のお祭りでした。ヤギ男は昔の名残なのです」

「冬至？　クリスマスではなかったのですか」

「時代が移り変わりヨールプッキも変化しました」

　エサさんに導かれ、隣のコーナーでわたしは唖然（あぜん）とした。

やさしそうに微笑む老人の仮面をかぶり、身体を動物の毛皮で包んだ怪物が展示されている。

「これもヨールプッキです」

「なぜ老人の仮面をかぶっているのですか？」

「聖ニコラウスの影響です」

顔つきが聖ニコラウスで体がヤギ男のその姿はちょうど過渡期に当たるものだという。つまりヨールプッキはヤギ男から老人の聖ニコラウスを経て、現在のサンタクロースへと姿を変えてきたらしい。

「老人には知恵深い存在というイメージがありますからね。サンタクロースや聖ニコラウスばかりか、老人の仮面をつけたヨールプッキにも当てはまるのです」

「ヨールプッキとはどんな存在なのですか」

「寒さが厳しい冬の日にプレゼントを持って家々を回る慈悲深い存在です」

わたしはサンタクロースが言っていたことを思い出した。

ヨールプッキは寒い冬を乗り切る助け合いの精神の産物だという。

探検メモ2

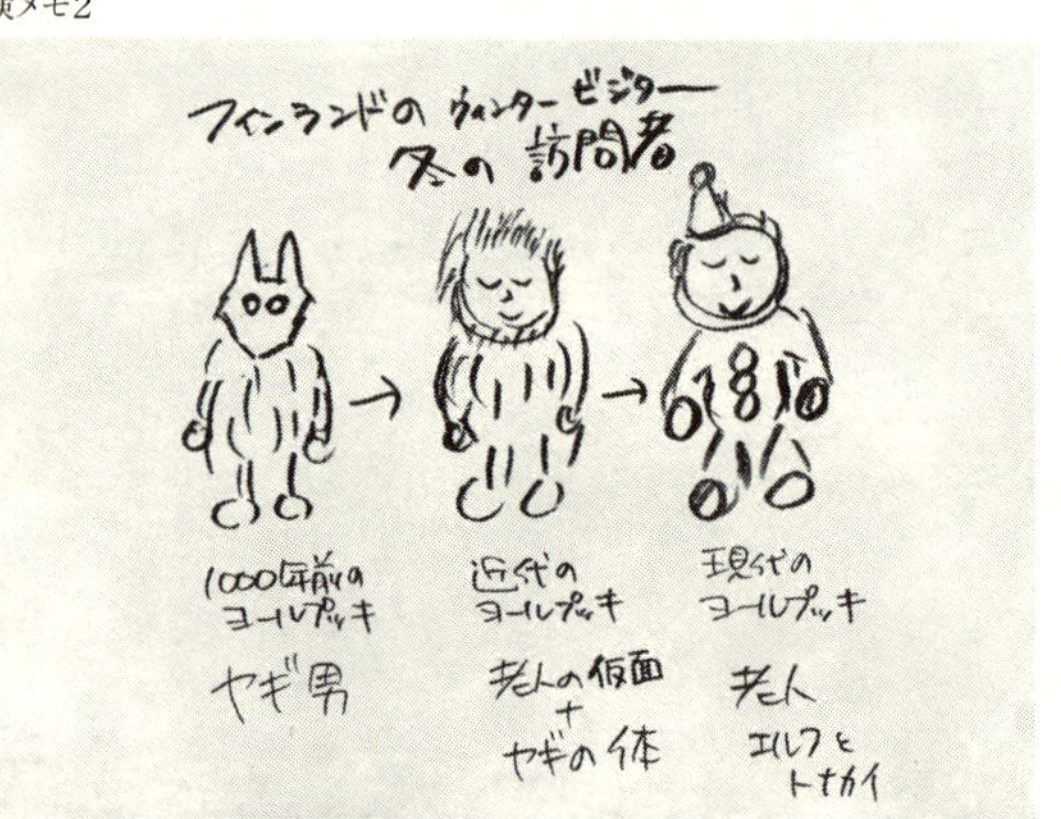

フィンランドではヤギ男のヨールプッキが各家を訪問する伝統はすでに失われてしまった。しかしその精神性はサンタクロースに継承されているのだ。

ひと通り展示室を見終わり、わたしは二人にお礼を述べた。

サンタクロース村を出る時、門に立つ雪だるまと目が合った。

氷の妖精に軽く手を振り、北極圏の停車場からロヴァニエミ行きのバスに乗った。

車窓に森と雪の風景が流れ始める。それを見ながらぼんやりと考えた。

フィンランドのサンタクロースは妖精エルフではなくヨールプッキだという。恐ろしい形相のヤギ男だ。

単に子どもにプレゼントを届けるだけの存在ではなく、人々が辛く厳しい冬を乗り越えるための拠(よ)り所らしい。

わたしはそこにサンタクロースの奥深い世界を垣間(かいま)見る思いがした。

とはいえヤギ男とサンタクロースは、同一であるとはいうものの互いにあまりにも遠い存在だ。

双方を結ぶ接点はどこにあるのか――。

わたしは再び、真っ暗なトンネルに入ってしまった。

いつしかバスはロヴァニエミの町中に到着した。

午後三時。太陽はすでに地平線の下に沈み、極北の長い夜の帳(とばり)が下りていた。

第4章

アルプスの一夜

オーストリア／バード・ミッテルンドルフ

サンタクロース追跡の旅は、全く思いがけない方向に転じた。

アメリカでにこやかな白ひげの老人が北欧の老エルフだと知りフィンランドへ行ってみたが、実はヨールプッキと呼ばれる怪物のヤギ男だった。

そのヤギ男こそが、サンタクロースなのだという。

フィンランドから帰国したわたしはヤギ男について調べ、オーストリアの聖ニコラウス祭を紹介している小論にたどり着いた。

「魔物たちの夜―聖ニコラウス祭の習俗」（福嶋正純『季刊民族学』第一四巻第一号所収　千里文化財団　一九九〇）によれば、祭りには聖ニコラウスだけでなく、クランプスと呼ばれる恐ろしい怪物が登場するという。

写真で見ると、その怪物は頭に角を生やし、野獣の毛皮に身を包んだ姿はヨールプッキを思わせた。

なぜ聖ニコラウス祭に怪物が登場するのだろうか。

詳しく調べれば、ヤギ男のヨールプッキの正体を見つけられるのではないか。

祭りはオーストリア中部のシュタイアーマルク州バード・ミッテルンドルフで十二月五日の夜に行われているという。

わたしは好奇心を刺激された。実際に見てみたい。

日本のオーストリア大使館から地元の観光局を教えてもらい、誰か力になってくれそうな人はいないかと相談した。もし現地に出かける場合、歴史や民俗の話を聞くためにドイツ語の通訳も必要となる。

思えばサンタの旅は行く先々で言葉の壁にぶつかる。

英語は言うに及ばず、トルコ語、イタリア語、オランダ語、フィンランド語。そして今度はドイツ語だ。サンタクロースが言葉の壁を超越した存在であることを思い知らされる。

ようやくわたしはバード・ミッテルンドルフ在住のイギリス人を紹介してもらうことができた。現地でペンションを営んでいるジェラルディン・マッケンジー＝ウィルソンさんがガイド兼通訳を引き受けてくれるという。

わたしは再び旅に出ることにした。

謎を解くための旅。謎は追いかけるたびに広がり、深まっていく。好奇心が満たされることはなく、旅に終わりなどない。

そう書けばかっこよく感じられるかもしれない。

しかしわたしは現実を前に、複雑な思いを抱いていた。

サンタクロースを追跡するために早春に出かけた世界各地の旅。それでは飽き足らず、その年の終わりに再びヨーロッパへ。

預金通帳の残高は底が尽きかけている。

それればかりか、旅続きで満足に一家団欒（だんらん）の時間さえない。

三月にサンタの旅から帰った後、わたしは雑誌の取材で四月にチベット、八月に南米ペルーへ出かけた。九月には江戸時代の探検家、間宮林蔵の足跡を追ってシベリアを探検した。そしてこのヨーロッパ再訪の後にも、オーストラリアの中央砂漠へ行く仕事が入っている。

収入がなければ旅をすることができない。しかし旅に出なければ収入にならないのだ。探検家の輪廻（りんね）がここにある。自ら求めた運命でもある。

そんなわたしに妻がそっと封筒を差し出した。

中を開くとクリスマスカードだった。台紙に紙風船がついていて、口をつけてそっと膨らますとサンタクロースが現れた。

「サンタクロースの夢をいっぱいふくらませてね」

ボールペンで書かれた妻の筆跡が胸を打つ。

旅はわたしだけのものではない。

プロジェクトが長引くにつれ、その思いも強くなる。

オランダのミドルブルグでシンタクラースのイベントに参加した後の二〇〇六年十二月、わたしは飛行機でオーストリアのウィーンに飛んだ。

ウィーン西駅から列車でバード・ミッテルンドルフをめざす。そこはザルツブルグの南東約七〇キロメートルに位置する人口三〇〇〇人ほどの山村だ。

数時間がかりで駅に降り立つと、眼鏡をかけた女性がわたしを迎えてくれた。

「先週、腰の高さまで雪が降ったんですよ」

ジェラルディンさんが話すイギリス英語は、オーストリアではなくイギリスのどこかに来たかのような錯覚を起こさせた。

ここは南にアルプス山脈が迫り、雪が本降りとなる年明け頃からペンションもスキー客で賑わうらしい。

　彼女は車で町の中を紹介してくれた。

　山小屋風の家々が並ぶ中心部に広場がある。そこから東西に伸びる約三キロメートルの街道沿いにテール、ツァウヘン、クルングルなどの各地区が点在している。

　祭りが始まると聖ニコラウスは従者とともに各地区を巡った後、広場でフィナーレを迎えるらしい。

　ペンションに到着してすぐに一家と夕食を共にすることになった。

　わたしはテーブルの向かい側に座ったジェラルディンさんのひとり息子のファーガンズ君に尋ねてみた。

「クランプスって知っている？」

「鞭（むち）を持った悪魔だよ」

「怖い？」

朝靄の中のバード・ミッテルンドルフ

「いや、別に」

横で話を聞いていた父のアリスターさんが言う。

「嘘だよ。本当は怖いくせに」

親子の会話からわかるのはクランプスが悪魔のような存在だということだ。

「明日には雪が降ってもらわないとね。クランプスが来る魔の夜だから」

ジェラルディンさんは窓の外を見ながら言った。

夜になると凍りつくような山風が吹き下りてきた。

わたしは毛布の中で体を縮込めるようにして浅い眠りを貪（むさぼ）った。


聖ニコラウス祭の日が来た。

窓の外はどんよりと靄（もや）がかかり、村全体がうす暗がりの中に沈んでいる。今にも魔物が現れそうな雰囲気だ。

わたしは午後三時半にジェラルディンさんと町の東の外れにあるクルンググル地区へ出かけた。

祭りが始まるのは夕方五時だというが、準備をする人たちの様子を特別に見学させてもらえることになったのだ。

民家の中はまるで舞台裏の楽屋のようだ。

鏡の前でひとりの中年男性が化粧に余念がない。

「もっとこう、汚らしく」

彼はメークを手伝う女性に顔を垢（あか）まみれのようにしてくれと注文していた。

ジェラルディンさんがわたしの顔を見て言う。

「物乞い役ですよ」

メークが終わり、彼は小さな酒瓶の栓をねじって開け、グイッと飲んだ。

「板についていますね」

感心するわたしに物乞い役は答えた。

「そうかい。じゃあ、今度道で会ったら、おめぐみを弾んでもらわなきゃなあ」

冗談に失笑しつつも、わたしは質問を投げかけた。

「毎年やられているのですか？」

「かれこれ二二年になるな。いつまでたっても聖ニコラウス役が回ってこない」

隣で話を聞いていた同僚がニヤリとして言う。

「こいつの親父も物乞い役だったんだ。家業ってもんだよ」

彼は酒臭い息を吐きながら、わたしに杯を向けた。

「君も飲みなよ」

それはシュナップスと呼ばれる林檎（りんご）などで造った蒸留酒で、コップに口を近づけるとツーンとアルコール臭が鼻をついた。

わたしは恐れをなした。

しかしここで酒を断ってはいけない。

これは酒であって、酒以上の存在なのだ。もし断れば町の人との間に微妙な距離が生じるかもしれない。一度できた溝を埋めるのは大変だ。

「グッといくんだ。そらっ」

わたしは杯を高らかに挙げた。

どうにか一杯を飲み終える。それで終わりにはならない。再び酒が注がれそうになると、慌てて片手でコップをおおった。

まともに付き合ったら大変な目に遭いそうだ。

酩酊(めいてい)して本来の目的が遂げられなくなったら、それこそ本末転倒ではないか。出された酒を飲むのか、飲まないのか。旅先ではいつもその微妙なバランスの上で悩むことになる。

わたしは次に用事があるからと言い、どうにか部屋の外に退散することができた。

玄関ホールには様々な格好の人たちが集まっていた。

赤い司教服の聖ニコラウスだけではなく、神父、骸骨(がいこつ)姿の死神、首が長いヤギのような怪物もいる。

ホールの隅には大きなカゴが置いてあった。ぬいぐるみやチョコレート、キャンディの他にオレンジや胡桃（くるみ）、南京豆なども入っている。

わたしは準備をしている男に近寄っていった。

「子どもたちへのプレゼントさ」

道化のような装束に身を包んだ彼は、子どもにプレゼントを配る役だという。

「お菓子やおもちゃだけではないのですね」

わたしの問いかけに彼はうなずきながら答えた。

「昔からだよ。果物や木の実を食べれば、来年も健康に一年を過ごせるようになるんだ」

彼は飲んでいたホットワインをわたしに勧めた。

一難去ってまた一難。

それはジンジャーなどの香辛料を入れて温めたワインだ。アルコール度数は高くはないが、軽くみていると後で酔いが回ってくる。

強い酒よりも、口当たりのいい酒の方が要注意だ。

準備の様子を見終え、わたしはジェラルディンさんと外に出た。

周囲はすでに暗く、靄は一層深くなっている。

道端に見慣れない姿の怪物がいた。麦わらで全身をおおい尽くし、円陣を組んでいる。

彼らは黙ったまま長い鞭で地面を叩き始めた。鋭く空を切る音に、地面を打つ乾いた音が重なる。

ジェラルディンさんが近寄ってきて教えてくれた。

「シャーブといいます。ああやって道を清めるのです」

シャーブは聖ニコラウスの行列の先頭に立つのだという。

その姿はどことなく日本の妖怪の唐傘(からかさ)小僧を思わせるが、頭にアンテナのような長いわら束が伸びている。

わたしはジェラルディンさんの後について祭りの会場へと向かった。

麦わらを身につけたシャーブ

昔は聖ニコラウスが各家を巡っていたが、今は住民がホテルに集まるのだという。ホールに椅子が並べられ、前方に子どもたちが座っていた。みんな普段とは違う空気を感じ、どことなくそわそわしている。

午後五時。聖ニコラウスの一行が到着した。

天使、神父、プレゼントを担いだ従者もいる。

聖ニコラウスは説教を始め、続いて神父が子どもたちに質問をした。毎日祈りを捧げているか。学校できちんと勉強をしているか。親の言うことをよく聞いているか――。

聖ニコラウスは質問にうまく答えられた子どもたちひとりひとりにプレゼントを与えた。

子どもたちは袋の中身を確かめ、満足そうな顔をした。

全員にプレゼントが行き渡ると寸劇が始まった。

大声を上げながら入ってきたのは先ほどの物乞いだ。物乞いは犯した悪事を反省する様子もないので、罰として死神に殺されてしまう。

聖ニコラウスは会衆（かいしゅう）の前に歩み出て忠告した。

「みなさん、この悲しい出来事を忘れてはなりませんぞ」

そして従者とともに部屋を出ていった。

すぐにドシンと地面を叩く音が聞こえてきた。

会場は途端にざわつき始める。子どもたちの顔から血の気が引いていく。

姿を現したのは獣の毛皮に身を包んだ怪物だ。

ギョロリとした目つきとむき出しの歯は凶暴そうで、頭から伸びた鋭い角に威圧感がある。

怪物は「グルルルル」と舌を巻くような唸(うな)り声を上げた。地面を勢いよく踏み鳴らし、腰につけたカウベル（鈴）が不気味な音を立てた。

怪物クランプスのリーダー、大悪魔ルシフェルだ。

大きな叫び声は天井の照明を震わせ、椅子に座った子どもたちの影が床の上で一斉に動き出す。ひとりの小さな子が泣き出し、次々と他の子どもたちに伝染していく。

やがてルシフェルの興奮は極限まで高められ、持っていたピッチフォーク（干し草などをすくうための農具）で地面を荒々しく打ち鳴らした。

それを合図に外からたくさんのクランプスが会場になだれ込んできた。

クランプスは竹ぼうきに似た白樺の枝鞭を振り回し、悪い子どもを連れて行くぞと脅(おど)した。そして泣き出す子らの肩や足につかみかかる。

会場は地獄絵さながらだ。

たまらず何人かが外に逃げ出した。わたしもいっしょに外に出た。そこでも多くのクランプスが待ち構えていた。

逃げ場を失った子らはクランプスに捕まえられ、大声で泣き叫ぶ。いい子にするからと必死で訴える。

素直な子らは放免になった。しかし逃げたり、クランプスを受け入れようとしない若者たちには容赦なく鞭が振るわれた。

クランプスは子どもや青年ばかりか、老人にも襲いかかった。

聖ニコラウス祭を子どもの祭りだと思い込んでいたが、年齢は関係ないようだ。

混乱の中、どこかで角笛の音が響いた。冷え切った夜風がメロディを運んで集落全体に吹き渡る。

退散の合図だ。クランプスたちは振り上げた鞭を下ろした。

シャーブを先頭に聖ニコラウス、総勢六〇

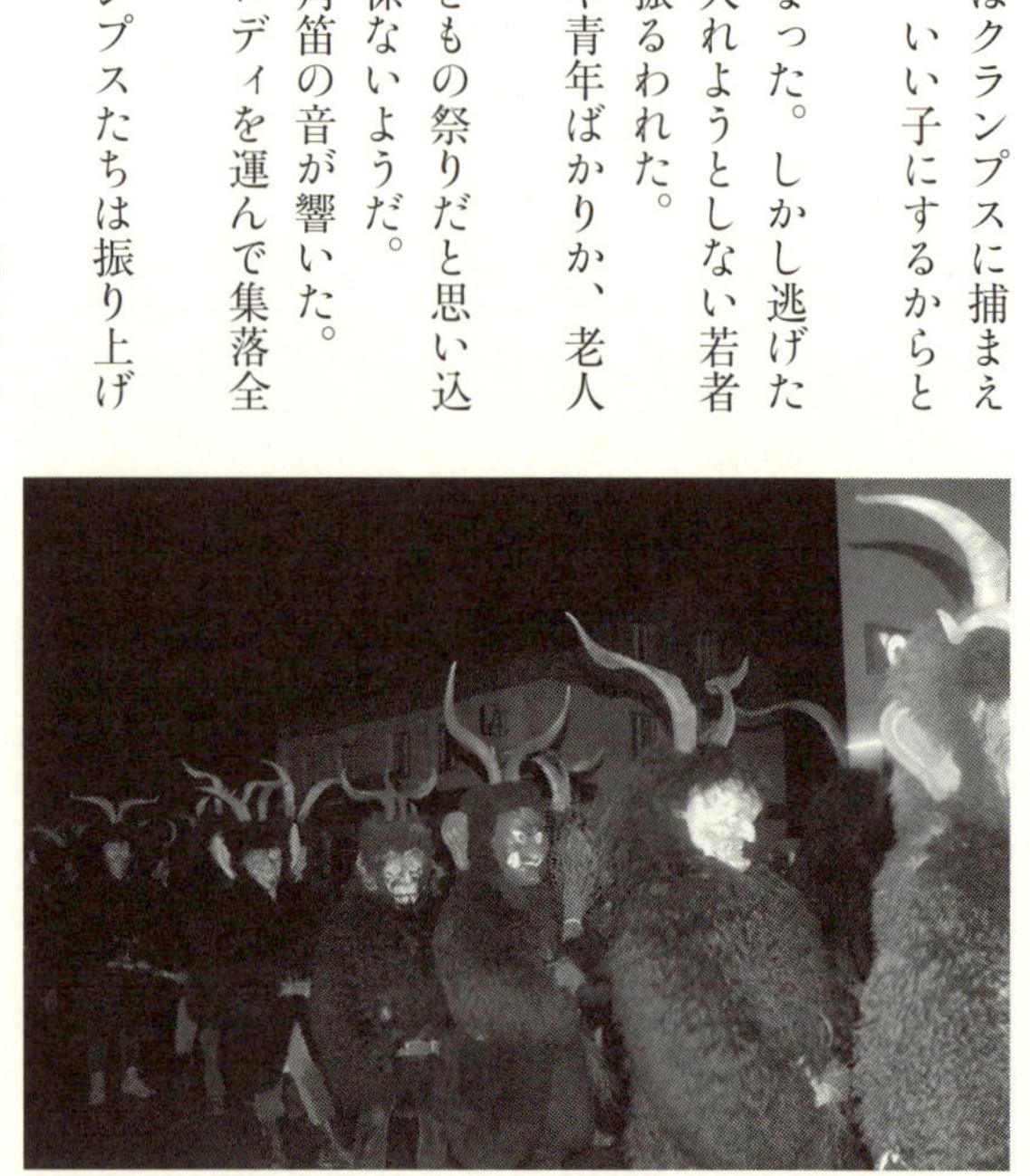

町になだれ込むクランプスたち

を超えるクランプスたちは隣の集落へと移動を始めた。彼らは同じことを繰り返しながらツァウヘン、テールの各地区を巡回していく。

わたしは後ろから追いかけ、クランプスから逃げ惑う人々を見た。

いや、このわたしも傍観者では済まされなかった。

外国人だとわかると何もせずに去っていくクランプスもいた。しかしほとんどはお構いなしに迫ってきた。

「ちょっと、待って」

クランプスはわたしの腕をつかみ、枝鞭で足のすねを容赦なく叩いた。

バシッと乾いた音が鳴り、痛みが走った。

気がつけば通訳のジェラルディンさんはいつの間にか姿を消していた。

これでは遠い外国まで叩かれに来たようなものじゃないか——。

祭りに参加者として加わるのか。客観的な観察者に徹するのか。

もはやそんなきれいごとを言っている場合ではない。

闇の中からクランプスのカウベルが聞こえてきた。

誰かが叫ぶ。

「来たぞ」

「逃げろ！」

わたしも恐ろしさに逃げ惑った。

息が切れ、足は痺(しび)れたままだ。

クランプスに扮する若者たちは暖を取るために地酒のシュナップスを引っかけていた。次第に酔いが回り、凶暴さが加わっていく。

寒々とした靄の中に映し出されるクランプスのシルエットは、まさに町を徘徊(はいかい)する悪魔か鬼そのものだ。

枝鞭を振るうクランプス

夜九時。全員が町の中央広場に集結した。シャープは地面を鞭で叩き、クランプスは逃げる人を追いかけ続けた。

退散を知らせる最後の角笛が鳴る。阿鼻叫喚(あびきょうかん)は一瞬のうちに断ち切られた。聖ニコラウスとクランプスたちは深い闇夜の中へと姿を消した。


一夜が明けてみると、町は何事もなかったかのように平穏だった。闊歩(かっぽ)していたクランプスたちはどこへ行ったのだろう。思えばまるで真冬の嵐のようだった。

朝食のテーブルでわたしはファーガンズ君に話しかけた。

「怖かった？」

「いや、別に」

「鞭で叩かれた？」

「たくさん」

隣に座っている父のアリスターさんは息子に視線を投げかけた。

「いい子にしていれば、叩かれなかったのに」

ファーガンズ君は、お説教なんてもうこりごりだと言わんばかりに肩をすぼめた。

会話をしているうち、わたしはオランダで見た絵画の情景を思い浮かべた。

ヤン・ステーン作『聖ニコラウス祭』には鞭をもらって泣きべそをかいている少年が描かれていた。いい子にはプレゼントが与えられ、悪い子は鞭でお仕置きされたという。

わたしはそこにキリスト教的な善悪二元論を当てはめて解釈しようとした。しかし昨夜の祭りは単純にそうとは言えなかった。クランプスは子どもだけではなく、大人にも鞭を振るっていたからだ。

サンタクロースがいい子悪い子の分け隔てなくプレゼントを配るように、クランプスは全員に鞭を振るっている。

聖ニコラウス祭が現在のクリスマスのルーツに当たるとするならば、全員に対する鞭打ちはサンタからのプレゼントと同等のものになりはしないか。

それにしてもなぜ鞭で打つのだろう。

ジェラルディンさんはこう説明した。

「鞭は邪気を払ってくれます」

「お仕置き以上の意味がある？」

「ええ。叩かれれば幸福や健康に恵まれるという言い伝えがあります」

彼女によればクランプスが腰につけていたカウベルも魔除けだという。

わたしはクランプスが本当に悪魔なのだろうかと訝(いぶか)った。

悪魔が邪気を払う鞭を持ったり、魔除けのカウベルを身につけるだろうか？　祭りを実際に見てみると、最後はクランプスが町を支配してしまう。聖ニコラウス祭とはいえ、主役はクランプスだった。

クランプスは悪魔ではなさそうだ。

では一体何だろう。

朝食を終えて、ペンションの自室に戻った。

バックパックを開き、奥の方から書類の束を取り出す。日本から持ってきた様々な資料のコピーだ。

旅に出る前、わたしは手当たり次第に取材テーマに関連する本を読む。しかしほとんど理解できないことが多い。

知識としての理解というよりも、自分の旅にとってどういう意味を持つ情報なのかが理解できないのだ。

旅に出ると、それらは有機的につながり合い、各地での見聞に息吹を与える。何気ない路傍（ろぼう）の石が世界の歴史とつながっていることに気づかされることもある。

書物とともに歩めば、旅は探検になる。

理想を言うなら、全ての本を持って旅に出たい。しかし持てる重さには限度があるから、わたしは重要な部分をあらかじめコピーして、大英図書館でもらった閲覧者用のビニール袋に入れて持ち歩く。わたしの移動式図書館なのだ。

それはぶ厚い電話帳ぐらいに膨れ上がり、途中で捨ててしまおうかと嘆くこともしばしばだ。しかしそれなしの旅は荒野に地図を持たずに出かけることにも等しい。

わたしは資料の束から、前出の小論「魔物たちの夜」を抜き取った。

読み返してみると、聖ニコラウス祭に登場する怪物クランプスはキリスト教が伝わる以前のゲルマン文化にルーツがあるという。

ゲルマン民族は現在のドイツやオランダから北欧を含む地域に住む人たちの祖先に当たる。

またオーストリア生まれの民族学者ヨーゼフ・クライナーの講演録「ヨーロッパの来訪神信仰」（『駒澤大学文化』一九八五年所収）によれば、ゲルマン神話の中に正月前後の一二日間、クランプスのルーツとなった死者の大群が村を通過していく伝説が出てくるという。

彼らの正月の行事は冬至に当たっていた。

旧年と新年の間に存在する大きな時間の切れ目で、カオスがこの世に入り込み、神々や祖霊、死霊が現れるとされた。

例えばここバード・ミッテルンドルフの聖ニコラウス祭に登場する麦わら男のシャーブは穀物の霊だという。今でも人々は麦わらを編んでシャーブを作り、実りに感謝し、豊穣を祈っている。

　ゲルマン民族の冬至祭に対し、中世のキリスト教会は思い切った方針を打ち出した。古い異教の神や精霊たちを悪魔に置き換え、神や聖ニコラウスを正義とした。古くからある行事を利用して、自分たちの正当性を主張しようとしたのだ。

　聖ニコラウス祭だけがそうなのではない。

　それはクリスマスも同じだった。

『クリスマスの起源』（オスカー・クルマン　教文館　一九九六）によれば、古代ローマ時代、もともと十二月二十五日は冬至祭とされ太陽神の誕生日だった。キリスト教の布教のためにその冬至祭がイエス・キリストの生誕日にすり替えられてしまったというのだ。

　冬至とは地球が太陽に対して傾いたまま公転しているために起こる現象だ。

　北半球から太陽が遠ざかり、日照時間が一年で最も短くなる。樹木は枯れ果て生命の息遣いさえ感じられなくなり、全てが死に絶えたようになる。そのため死者の霊や異界の魔物が来る季節だと信じられていた。

　しかし冬至は死のイメージばかりではない。

　その日を境に太陽が日一日と力を取り戻し始める転換点でもある。太陽の誕生日として祝っていた古代ローマ人ばかりか、その日を正月としていたゲルマン人にとっても重要な一年の節目だった。

元はと言えばクリスマスツリーもゲルマン民族に由来するという。冬至祭で使用された樅は、冬になっても葉が枯れず生命の象徴とみなされていた。

これまでに知り得た情報から、クランプスはゲルマン民族の神であり祖霊だったことがわかった。悪魔にしたのはキリスト教会だったのだ。

その日の夕食の時間、わたしはまたジェラルディンさんと話してみた。

クランプスについて地元の人はどう思っているのか。

「正体ははっきりしません。古くから伝わっている自然信仰に根ざしているらしいけど」

「古代の冬至祭と関係があるのではないで

探検メモ3

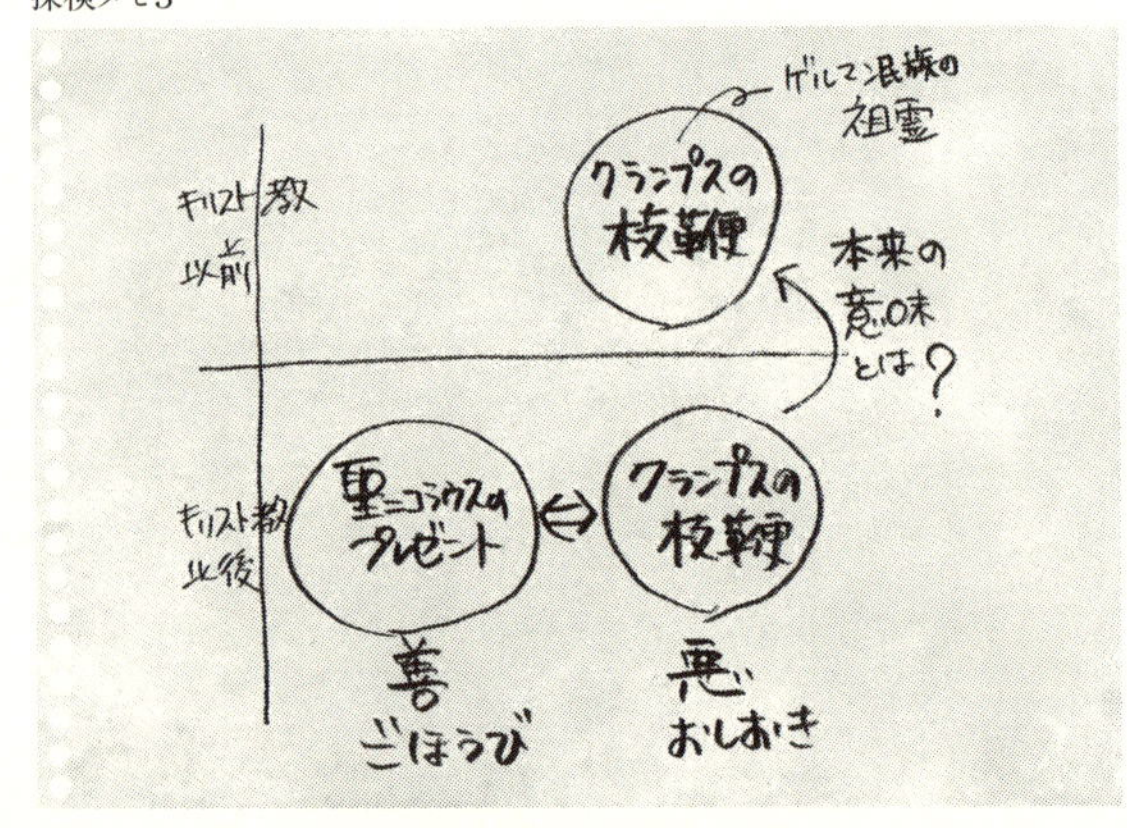

すか？」

わたしが尋ねると彼女は続けた。

「冬至祭の名残はヨーロッパ各地で見られますよ。わたしの生まれ故郷にもありました」

ジェラルディンさんはスコットランドのパースで行われているフランボーの灯火祭について教えてくれた。

「大晦日の夜にトーチに火を灯すお祭りなんです。新しい年の健康や幸福を祈ります」

「お祭りはいつ頃始まったのですか？」

「とても古く、ケルト文化に関係があると聞いたことがあります」

ケルト人はゲルマン人に先立って西欧に展開し、ゲルマン文化に大きな影響を与えた。紀元前五世紀以後、現在の英仏、スペイン、北イタリアやアルプス地方などに定着した民族だ。

ケルト人には冬至に対する意識が芽生えていたのだ。

ジェラルディンさんは思い出したように言った。

「そう言えばこの地方にもケルト文化が息づいていると言われますよ。遺跡があったそうですから」

何気ない会話が、核心をつくことがある。

いや、むしろひらめきや思いつきというものは真剣に考えている時ではなく、何気ない会話の合間に顔をのぞかせる。

バード・ミッテルンドルフから西へ約二五キロメートルの所にハルシュタット湖がある。近くで見つかった約三〇〇〇年前に遡る集落遺跡にはケルト人が住んでいた。ケルト人は風変わりな神を崇拝していた。頭に角が生えた神だという。


「古代ケルトの神話では、雄ジカは『妖精が飼う家畜』で、神々と人間の世界を結ぶ使者とされた。ケルトの神ケルヌンノスは古代のシャマンのように、雄ジカの角を頭につけた姿で描かれた」

（『図説世界シンボル事典』　ハンス・ビーダーマン　八坂書房　二〇〇〇）


わたしはケルヌンノスを神として崇拝していた太古の人々に思いをはせた。

彼らの生活は狩猟採集に頼っていた。巡る季節に左右され、熟練したハンターでも多くの家族や部族を養っていくのは並大抵のことではなかっただろう。

特に冬は試練の時だ。太陽は日ごとに低くなり、光の力は衰えていく。飢えや病気のために命を落とす者もいた。忍び寄る闇夜に恐れおののき、人々は天に向かって祈りを捧げた。

冬至の日を境に、太陽は力を取り戻していった。暖かくなるにつれ、枯れ木は再び芽吹き始める。春が来て、シカなどの獲物にも新たな生命が誕生した。

太陽は毎年一度死に、そして復活する。すべての生き物に宿命づけられている死と再生を一年ごとに繰り返す。

ケルヌンノスは当時の人々の祈りが創り出した神だったのだ。

シャマンはそれを真似て角や毛皮を身につけ、太陽神や獲物の精霊と交信した。それが次第に祭儀へと変わり、ゲルマンの冬至祭に見られたようなクランプスの行進になったのである。

ケルヌンノスの語源を「枝をつけた額（ひたい）」と解釈できるとしたケルト文化の研究者ポール＝マリー・デュヴァルは、枝の意味を次のように読み解いている。

「シカからは闘争力と性的能力を得ており、鋭い耳と敏捷（びんしょう）さ、枝という自然の武器が備える年ごとの再生、まるで永遠かとも思える再生、さらに長生きの能力をも受け継ぐ」

（『世界神話大事典』　大修館書店　二〇〇一）

わたしはこの一節に、クランプスの枝鞭の意味を見つけた。ジェラルディンさんが健康や幸福をもたらすものと言っていたように、鞭打つことで人間の体内の奥底に眠っている生命力を目覚めさせる。クランプスの鞭は年ごとの再生を喚起させるためにも、シカの角を思わせる枝鞭を用いなければならなかったのだ。それは大人、子ども、男性、女性、あるいは貧富の差にかかわらず振るわれた。

クランプスは悪魔でも死者でもない。聖ニコラウスと同じく人々に生命回帰をもたらす神なのだ。

同じことはオランダで目にしたズワルト・ピートにも言えるだろう。子どもたちを笑わせ、愉快な気持ちにさせる黒いピエロは悪魔ではなく、聖ニコラウスと同じく幸せをふりまく存在なのだ。

クランプスは、フィンランドのヤギ男ともピタリと重なり合っている。どちらも冬至の頃にやって来る恵み深い来訪神だ。

わたしは聖ニコラウスが子どもたちに配った果実や木の実のことを思い出した。それはクランプスの枝鞭と同じように新しい年の命の糧を約束するものだ。人々の太古から変わらない祈りの象徴だ。

現代のサンタクロースのプレゼントも、単なるお菓子やおもちゃではない。子どもの健やかな成長を願う祈りが込められている。彼が運んでくるのは、新しい一年の生命の源なのだ。

ジェラルディンさんは、わたしを村の中心にある民俗資料館に案内してくれた。

パステルグリーンの民家で、入口に小さな看板が出ている。

「郷土民俗コレクション　フランツ・ストリック」

ノックをすると重い扉がガタリと開いた。

黒い毛糸の帽子をかぶった老人が顔をのぞかせ、われわれを手招きした。ストリック氏は郷土史に詳しく、彼の自宅の一部は資料館になっている。

彼はにこりともせず、われわれを展示室がある二階へと通した。

探検メモ4

12月25日の怪物

国	怪物(来訪神)	特徴	やってくる日	正体
フィンランド	ヨールプッキ	ヤギ男	クリスマス	冬の来訪者 恵みをもたらす
オランダ	ズワルト・ピート	黒い肌の道化？	聖ニコラウス祭	×悪魔 ○子どもを愉快にさせる
オーストリア	クランプス	革鞭をふるう	聖ニコラウス祭	×悪魔　×死者 ○生命◎福をもたらす

北欧の人と似て、アルプスの山地に暮らす人にもどこか取っつきにくさがある。寒冷で厳しい気候に育まれた人には共通した雰囲気があるようだ。

互いに遠く離れた土地に暮らす人間を同じ風貌に仕立て上げるのは、似通った風土であり気候なのだ。

展示室には足の踏み場もないくらいにたくさんのクランプス面が並んでいた。

わたしはストリック氏に話しかけた。

「クランプス面はどのくらいあるのですか？」

「七、八〇くらいはあるな」

無愛想な答えに、ジェラルディンさんが補足をしてくれた。

「祭りの日が近づくたびに補修をして、終わるとここで保管展示をしているんです」

「一番古いお面はどれですか？」

「これさ」

ストリック氏が指したのは色褪せて、角が欠け落ちた仮面だった。古くなるとさすがに威厳も半減する。

「二〇〇年前のものだよ。第一次世界大戦中に多くが失われてしまったんだ」

聖ニコラウス祭が戦災を乗り越えて現代に受け継がれていると知り、わたしはクランプスの存在の大きさを思った。

「クランプスは人々に生きる意味を教え、精神的な支えであり続けたのですね」

彼はしばらくじっと虚空を見つめ、見せたいものがあるのでちょっと待てとジェスチャーした。収蔵庫の奥に入っていき、腕に何かを抱えて戻ってきた。目の前に差し出されると、わたしは思わず驚きの声を上げた。

「ナマハゲ!」

それはおみやげの小さな人形だった。ナマハゲは日本の秋田県男鹿(おが)半島に伝わる冬の伝統行事(国の重要無形民俗文化財)に登場する鬼のような怪物だ。

ストリック氏は淡々と語った。

「一〇年ほど前、村の若者が秋田に行ったんだ。クランプスと日本の鬼神には互いに重なり合うところがあると思うよ」

バード・ミッテルンドルフのクランプスは一九九七年に観光イベントのために秋田県に招待された。その時、村の人たちはナマハゲに強い衝撃を受けたという。

彼は話を続けた。

「地球の裏側に似たような怪物がいる。同じような祭りがある。正直、驚いたな」

言われてみれば、確かにクランプスはナマハゲと似ている。

頭から突き出した角。鬼のように恐ろしい顔。ナマハゲが家々を巡り歩くと、子どもたちは泣き叫び、いい子でいると誓う。

探検メモ5

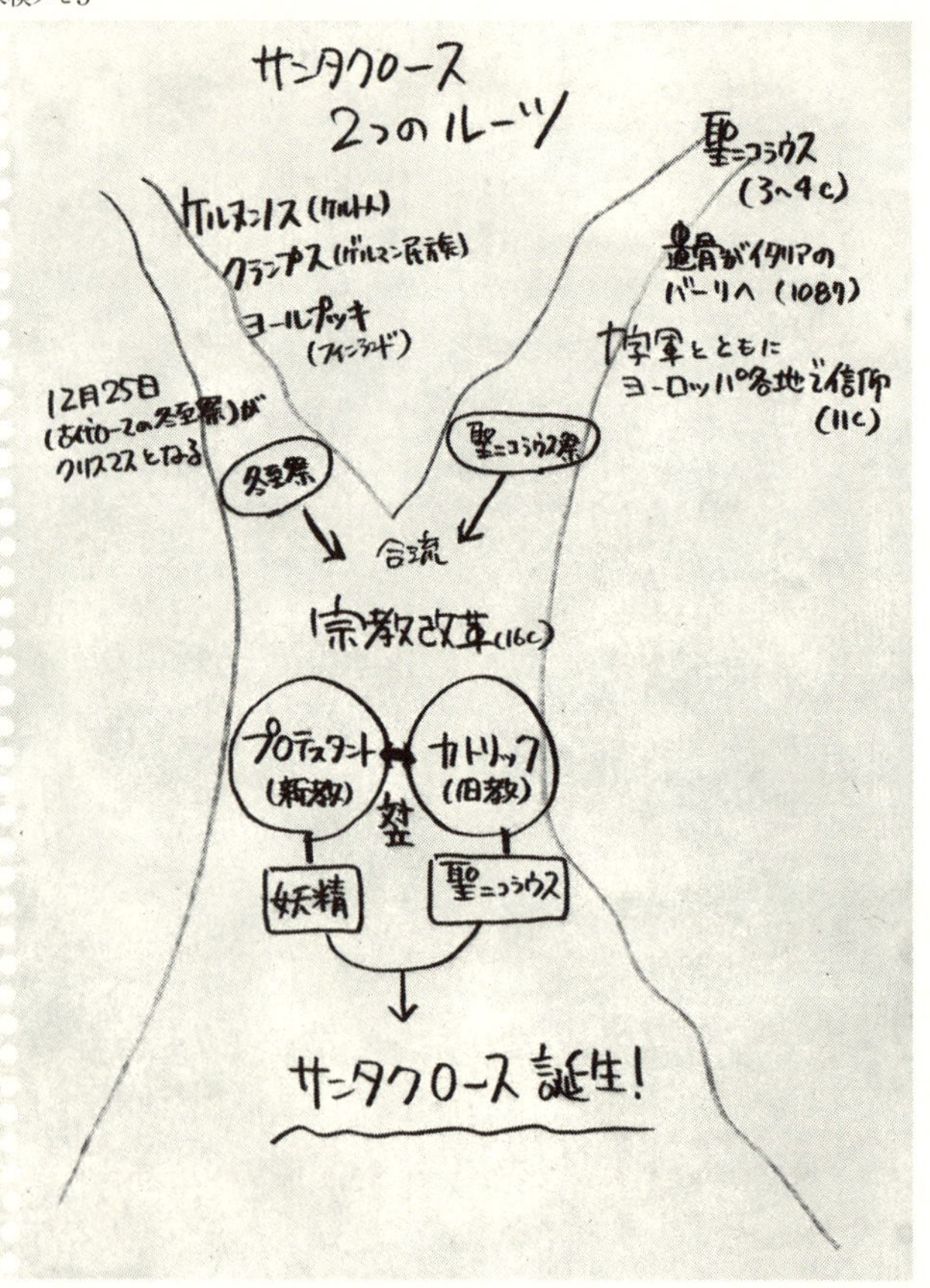
サンタクロース
2つのルーツ
聖ニコラウス
(3〜4c)
遺骨がイタリアの
バーリへ (1087)
十字軍とともに
ヨーロッパ各地で信仰
(11c)
ケルヌンノス(ケルト人)
クランプス(ゲルマン民族)
ヨールプッキ
(フィンランド)
12月25日
(古代ローマの冬至祭)が
クリスマスとなる
冬至祭
聖ニコラウス祭
合流
宗教改革(16c)
プロテスタント
(新教)
カトリック
(旧教)
対立
妖精
聖ニコラウス
サンタクロース誕生!

　一万キロメートルほども離れたユーラシア大陸の西と東の外れに、似たような伝統行事があるのだ。

　わたしは旅を振り返った。

　無関係と思っていた物事と物事がつながり、旅が連鎖していった。

　好奇心が刺激され、探検の興奮と実感を味わった。

　しかし、ここであっけにとられる。

　答えを求めて世界に出たはずが、気がつけば振り出しに戻ってしまった。サンタクロースの謎を解くヒントは日本の、それもわたしの生まれ故郷にあるというのだ。

　探検とは、遠くにある未知のものと近くにある見慣れたものとを結びつけることだ。あるいは結びつけている見えない糸を探し出すことに違いない。

　ナマハゲもサンタクロースに通じるのか――。

　わたしはお世話になった人たちに礼を述べて別れ、疑問を胸に帰国した。

第5章

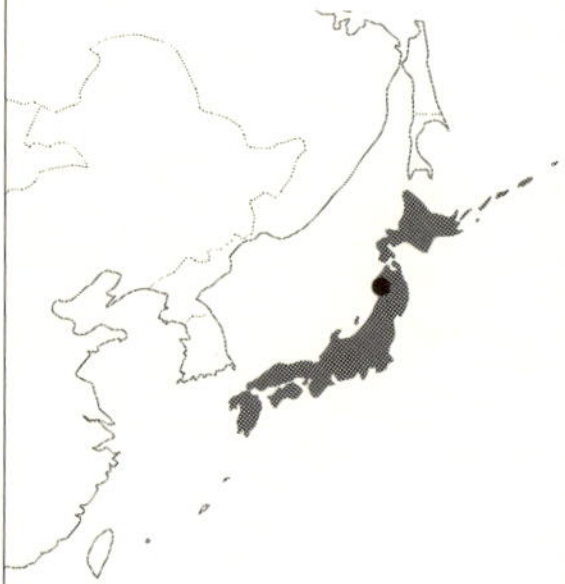

春の鬼

日本／男鹿半島

ついに二つ目の源流にもたどり着いた。

現代のサンタクロースのルーツを遡ると、聖ニコラウスばかりか、冬至祭の怪物にも行き着く。

そして興味深いことに、悪魔呼ばわりされていた冬至の怪物は、聖ニコラウス同様、人々に分け隔てなく春の恵みをもたらす慈悲深い豊穣の神だったのである。

十二月二十五日にやって来るサンタクロースの正体は怪物でもあったのだ。

ところがヨールプッキやクランプスなどサンタクロースのルーツを遡るほど、わたしはそれまで抱き続けてきた謎がかえって深まってしまったと感じた。

欧米の長い歴史と多様な文化の中で育まれてきたサンタクロースは、なぜ日本に定着したのか。

アルプスの山村で遭遇したナマハゲはわたしのインスピレーションを刺激した。

長年クランプス面を保存してきたストリック氏は日本のナマハゲ人形を手に、双方はとてもよく似ていると言った。

ナマハゲは秋田県の男鹿（おが）半島と周辺の地域に伝わる冬の伝統行事だ。十二月三十一日の夜、鬼のような怪物が山から下りてきて叫び声を上げながら家々を回る。

秋田市で生まれ育ったわたしにとってナマハゲは子どもの頃から恐ろしい存在だった。

実家がある市の中心部にナマハゲは来ない。

しかしある年の暮れ、父はわたしに真顔で言った。

「今晩、ナマハゲが来るかもしれないぞ」

「そんなの嘘だ」

「この前会った時、うちに来るって言ってたからな」

父の言葉にわたしは動揺した。

父がナマハゲと知り合いだったとは聞いたこともなかったし、それを疑ってみる心の余裕さえない。

ナマハゲが家に来る！

わたしは暗い家の玄関から、唸り声とともに押し入ってくる鬼を想像した。

どうしよう。どこに隠れよう――。

真っ先に浮かんだのはテーブルの下だ。潜り込んでみたが、すぐに見つかってしまうと感じた。

布団をしまってある押し入れの中がいいだろうか。

いや、ナマハゲは家にある全ての襖や障子を開くという。

考えついたのは玄関の外にある自転車小屋だった。さすがに物置の中には入ってこないだろう。

しかし夜は吹雪になり、ひとりで外に出ることを考えただけで震え上がった。家族がいる居間から一歩も外に出られなくなり、トイレにも行けず、股間がじっとりと濡れた。わたしは心の中でナマハゲが来ないことをひたすら祈り続けるばかりだった。

除夜の鐘の音が遠くから聞こえ、父はわたしに言った。

「今年は来られなかったみたいだ。来年だな」

結局わたしはナマハゲに遭遇することはなかった。

しかしその存在感は想像の中で不気味さを増し、恐怖心は増幅された。

会うことのないナマハゲは、わたしにとって最も恐ろしい怪物だったのだ。

この体験はあることを思い起こさせた。

クリスマスの朝方に母が「しっ」と言った時に感じたような大人の世界のことだ。

父は恐ろしいナマハゲと交友関係があると言っていた。

大人だけが知っているサンタクロースの秘密があるように、ナマハゲもまた大人と通じ合っているのだろうか。

大人になって、わたしは男鹿半島の相川（あいかわ）地区でナマハゲ行事を見る機会があった。

怒号とともに家に駆け込んでいくナマハゲ。甲高い子どもの悲鳴が胸に突き刺さった。

自分の家にナマハゲが来なくて本当によかったとさえ思った。

ナマハゲは恐ろしい怪物がやって来るという点でクランプスと似ている。

両者には単なる表面的な類似以上の接点があるのだろうか——。

オーストリアの旅を終え、わたしは改めてナマハゲ行事に参加してみたいと思った。

しかしその年の年末はスケジュールを合わせることができなかった。年に一度の行事に参加する機会を逃せば次の年まで待たねばならない。サンタの追跡には忍耐も求められる。

　ようやく次の年の冬が来て、ナマハゲ行事が行われている真山（しんざん）神社に電話をかけた。

宮司（ぐうじ）の武内信彦氏は運営にあたる青年会に話を通してくれた。行事当日の夕方五時から地元の公民館で準備が始まるという。

二〇〇七年の大晦日。わたしは吹きすさぶ雪の中、一路、男鹿半島をめざした。ナマハゲが伝わる男鹿半島は洋服かけのフックのような形をして日本海に突き出ている。地形は山がちで、真山（標高五六七メートル）とさらに高い本山（標高七一五メートル）が聳（そび）えている。

半島の急斜面を削って造られた細い道は蛇行しながらいつ終わるともなく続いていく。岩浜に高波が打ちつけられるたびに白い飛沫（しぶき）が陽炎（かげろう）のように舞っては消えた。どことなく異界の気配が漂う。

真山公民館に着いたのは集合時間の一五分前だった。すでに若者たちが集まっていて、わたしを座敷に通してくれた。

部屋の空気は張りつめていた。無口な彼らには気軽に声をかけるのもためらわれる。祭りを前にした緊張もあるだろう。無事にやり通せるかという不安もあるに違いない。

若者たちにとってナマハゲになることは決して気安いものではないのだ。地元ではナマハゲ役がまともにできれば一人前の男として認められるという。わたしは準備を手伝いにきた青年会の年長者から話を聞いた。

ナマハゲ行事は地元の地区ごとに行われる。仮面や持ち物、所作、同行者の呼び方などが微妙に異なっているという。

「ナマハゲは何人いるのですか」

「今年、ナマハゲになるのは四人です。二人一組となって、二組で家々を回ります」

彼は説明を続けた。

ナマハゲには先立ちと呼ばれる先導役が立つ。家々に来訪を告げ、中に入っていいかと確認する役だ。

また後ろにはかます持ちが続く。かますとはわら筵を二つ折りにした袋だ。訪問先で渡される御祝儀を預かる役だという。

集まった若者たちは順路を打ち合わせ、準備に取りかかった。

板敷きの広間にケラミノやハバキ（すね当て）が並べられた。

稲わらを編んで作ったもので、毎年、新しく作り替えられる。

ナマハゲ役が装束を身にまとい始めると新しいわらはザワザワと音を立て、部屋中に干し草の香ばしい匂いが立ち込めた。

床の間の前にはナマハゲ面とお膳が並んでいる。

わたしは仮面を見て驚いた。

頭に角がない。

ナマハゲといえば角を生やした鬼を思い浮かべる。かつて相川地区で見たナマハゲ面にも角があった。

「角はないのですか?」

わたしの質問に準備をしている若者が答えた。

「うちらの特徴なんです。昔からです」

真山のナマハゲ面は日焼けしたように赤茶けていて、ひときわ眉が太い。飛び出た目と鼻には金紙や銀紙が貼られ迫力が増している。角がないので鬼とも思えず、異様で気味が悪い。

用意されたお膳には焼いた鯛、煮物、なます、キンピラ、煮豆や刺身が載っていた。地元で捕れるハタハタの焼き魚、その切り身を米や麴(こうじ)とともに漬け込んだハタハタずしも添えられている。

準備が整い、ナマハゲに扮する若者がお膳の前に座った。

真山地区のナマハゲ

行事を取り仕切る代表者がナマハゲ面と向かい合わせに腰を下ろし、コップ酒を口に含んで勢いよくブッと吹きかけた。

近くにいた人が神妙な様子でそっと教えてくれる。

「仮面に霊を注ぎ込むんです」

ナマハゲ入魂の儀式だという。

秘儀のようなまじないを終え、一行は真山神社へと向かった。

神前で宮司のお祓いを受け、お神酒をいただく。仮面をかぶると若者たちはナマハゲになった。神社の境内にある歓喜天堂などでシコを踏み、気勢をあげる。

「ウオォォ。ウオォォォ」

凍るような空気の中で叫び声が響き合う。

わたしはナマハゲといっしょに軽トラックの荷台に乗った。

ナマハゲになる若者たち

凍結したでこぼこ道に車体は大きく揺れ、慌てて荷台の縁にしがみついた。

しばらくすると林の向こうから集落の明かりが見えてきた。

光は巨樹を照らし、大きな影を落とした。まるで妖怪のように腕を広げわれわれを追いかけてくる。

車が停まり、ナマハゲは一斉に荷台から飛び降りた。

身につけている稲わらが闇の中でガサガサと音を立てる。

風はなく、空気は凛としていた。わた雪が舞い降りてきたが、空を見上げると雲の切れ間に星が瞬(またた)いていた。

「行くべ」

男たちは積もった雪を踏み分け、明かりが灯る民家へと向かった。

暗い雪道を照らす。ぼんやりとした雪明りに怪物のシルエットが映し出される。

民家に到着し、先立ちが扉を叩いた。

ナマハゲの訪問が許可されるかどうかは改めて確かめてみるまでわからないという。一年以内に不幸やお産があった家、病人のいる家には入れないが、それ以外でも断られれば敷居をまたげない。

ようやく許可をもらい、ナマハゲはその家に足を踏み入れた。玄関を上がってすぐに手を大きく前後に振り上げ、シコを踏み始める。

木造の家はギシギシと音を立て、傍観者のはずのわたしも萎縮してしまう。

シコを七回踏み終え、ナマハゲは暴れ始めた。障子戸をバシャリと勢いよく開け、襖や扉をガタガタと乱暴に叩く。手を振りながら大股で部屋という部屋を暴れ回った。

「泣く子はいねがぁ」

「ウォォ」

「怠け者はいねがぁ」

一家の奥さんが床の間にお膳を運び、主人はナマハゲを招いて何とか取りなそうとした。

「ナマハゲさんや、まんず一杯やってけれ」

ナマハゲは納得しない。

「孫はどこさやった。おやじ、かばおうったって、そうはいがねど」

「今年は家族で東京さ行った」

あきらめたナマハゲはお膳の前で五回シコを踏んだ。席に着き、開口一番こう言う。

「おめでとうございます」

一瞬、わたしは耳を疑った。

なぜ祝言を口にするのだろう……。

主人もナマハゲに挨拶し、徳利を差し向けた。ナマハゲは酒が注がれたお猪口を仮面の内側に運んでグッと呷った。

「おやじぃ、これだばたいしたうめぇ酒だ」

主人はナマハゲに再び酒を勧めながら言う。

「ここまで来るのに大した難儀だったすべ」

「山だば雪深けして、なぁんと三メートルも積もってあったで」

「大変だったすな。さあ、どんどんやってけれ」

主人はナマハゲを迎え、お膳を前に酒を勧めた。二、三杯飲み、ナマハゲはまた主人につめ寄る。

「婆さまの姿が見えねな。どさ行ったんだ」

「今日はずっとナマハゲさんを待ってたんだども、疲れて寝てしまった」

「おやじ！　いいことばっかり言うでね。婆さまを粗末にしてるんでねえが」

「そんなことねえす。婆さまのことは大事にしている」

「ところで今年の作柄はなんとだった」

「豊作だったす。ナマハゲさんのおかげだ。感謝しねばなんね」

「みんな真面目に一生懸命働けば、来年の豊作も間違いなしだ」

もうひとりのナマハゲがお猪口をお膳に置いた。

「おやじぃ、来年もまた来るからな」

立ち上がるとナマハゲは三回シコを踏み、ひと暴れして家を出ていった。床の上にはナマハゲが身につけていたケラミノから落ちた稲わらが散乱していた。見送りに立つ主人の後ろから奥さんが来て、かます持ちに御祝儀を手渡した。先立ちとかます持ちは「よいお年を」と声をかけ扉を閉めた。ナマハゲはそのようにして一軒ずつ訪ね歩いていく。

主人は酒やお膳を勧め、ナマハゲと問答をした。それは家族構成により様々だ。ナマハゲといっしょに真山地区を回ってみたが、家にいるのは老人が多く、若い親や子どもを見かけなかった。正月休みに親子連れで東京や海外などへ遊びに出かけるなど生活が多様化したばかりか、地方が抱える少子化や過疎問題とも関係があるのだろう。

かつて相川地区を訪れた時には子どものいる家があった。

「ウオォォ」

ナマハゲは家の中を探し回り、押し入れの中に隠れている子どもを見つけた。

「おお、いだ、いだ」

怪物は子どもの足を荒々しくつかみ、引っ張り出した。

「隠れでだって、わがるんだど。袋さ入れて、山に連れでぐど」

「やだ！　やだぁ！」

子どもは恐怖のあまり泣き叫び、父親の腕にしがみつく。

逃げ隠れする子どもがいると俄然、ナマハゲは勢いづいた。

始めからお膳の前に座って、取り繕った表情でナマハゲを迎える子どももいた。母親は先立ちにわが子の問題点を伝えているので事前にナマハゲの耳にも入っている。

「いい子にしてだが？」

「はい」

「宿題もしねで、ゲームばっかりやってだんでねえが」

「いいえ」

「嘘つぐな！」

ナマハゲは床をドシンと叩いて、今にも襲いかかりそうな勢いで迫った。

「はいっ。ごめんなさい」

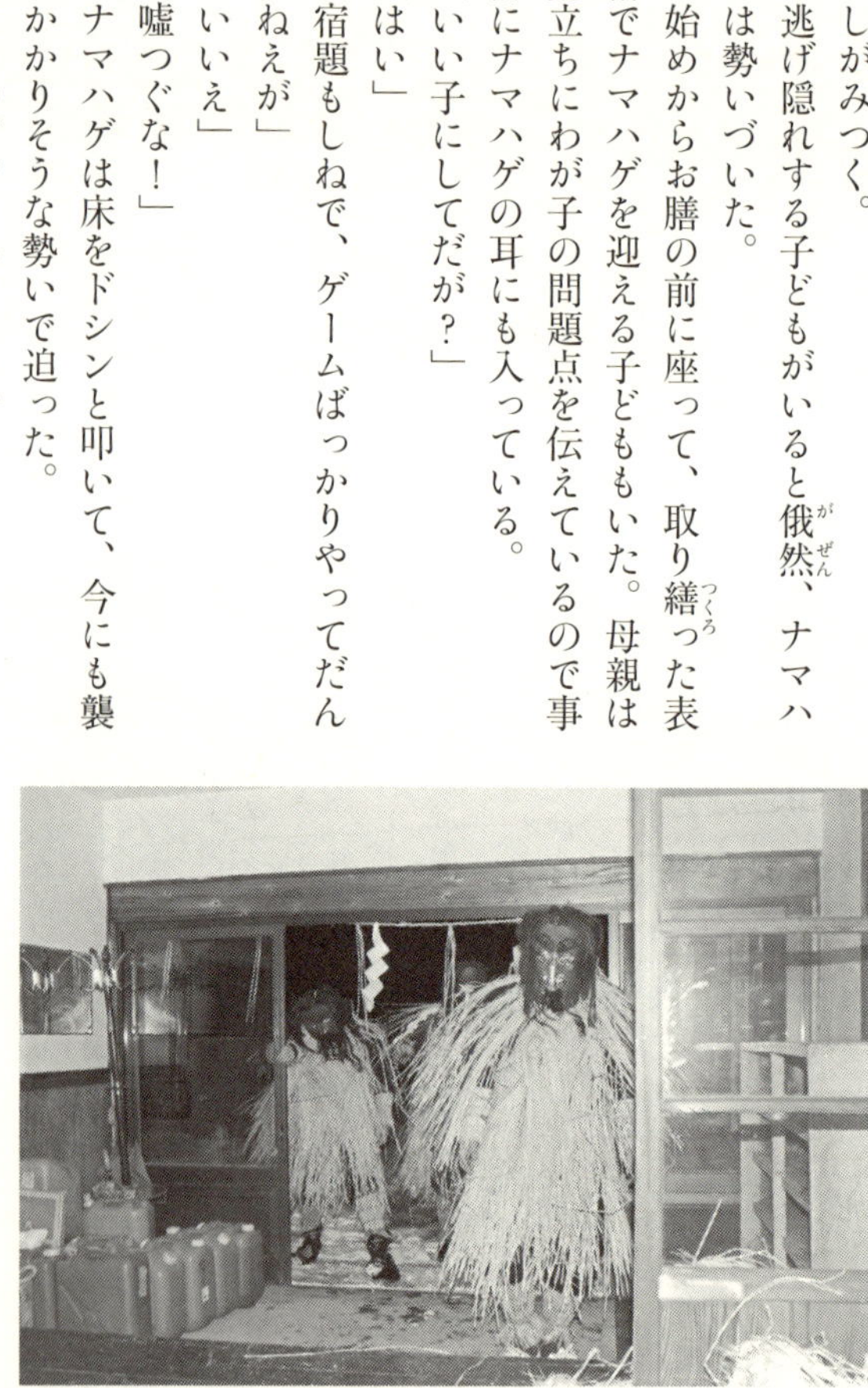

ナマハゲがやって来た

「親の言うことちっとも聞がねがったべ」

「今度から聞きます」

「ナマハゲはいつも見でるんだど。いい子にしてねば、またすぐ来るがらな」

子どもはナマハゲにお酌をし、誓いを立てた。

真山地区のナマハゲに同行している途中、ナマハゲ役が他の人と交代した。酒を飲んで暴れ回り、一気に酔っ払ってしまったのだという。

一〇軒も回ると大抵の人は前後不覚になるらしい。

仮面を脱いだ赤ら顔の青年が荒い息遣いのままわたしに言った。

「やってる時は無我夢中で、自分が酔ってることに気づがねがった」

その穏やかな表情はさっきまで大暴れをしていたナマハゲとは結びつかない。

わたしはナマハゲが彼に憑依（ひょうい）したのではないかと思った。

仮面には神通力（じんずうりき）がある。かぶった者は演じるつもりがなくてもナマハゲになってしまうのだ。

多くの祭りに仮面をかぶった神が登場する。

それは本来姿のない神（精霊）に肉体を与えることに違いない。人々はそうして出現した神に豊年や健康、幸福を祈念する。

そこには太古のシャマニズム的なものの名残を感じる。

仮面は精霊を人に憑依させ、シャマンに変えるのだ。

家々を回り終え、ナマハゲはわたしにも「よいお年を」と言って真山神社に戻っていった。

集落は静けさに包まれた。

一年の終わりが近くなり、闇夜も深さを増していく。

やがて静寂を破るように遠いところで除夜の鐘が響いた。


ナマハゲの現存する最古の記録は、今からおよそ二〇〇年前の江戸後期に遡る。紀行家として知られる菅江真澄は一八一一年（文化八）正月十五日に見たナマハゲ行事の様子を「牡鹿乃寒かぜ」に書いた。

寒い時期、炭火にばかり当たっていると足のももやすねなどに赤斑のかたができる。それはナモミ（生身）と呼ばれ、不精者の象徴とされた。

ナマハゲの語源はそのナモミを剝ぎ取るという古い言い伝えから来ているらしい。ナマハゲが集落を回り、人々の怠け心を諌めたのだ。

菅江真澄はナマハゲを「春に来る鬼」と表現した。

彼が行事を見たのは小正月だったので、春とは新春という意味だ。

では、その新春の鬼とは何か――。

二〇〇八年一月三日。わたしは疑問を胸に再び男鹿へと出かけた。

武内宮司によれば、その日の夕方から真山神社の特異神事として知られる柴灯祭（せど）が行われるという。境内に起こした大きな焚き火で大餅を焼き、山から下りてくる神鬼に献上する祭儀だとのこと。二月にも観光用に同名の祭りがあるが神社ではその日、本来の形に近い祭儀を地元の人たちとともに行っている。

柴灯祭では真山から鬼が下りてくるらしい。

ナマハゲとどう違うのか。

もしかしたらそこに、春の鬼とも呼ばれるナマハゲの正体を探る手がかりが見つかるかもしれない。

日が暮れ、空にたれ込める雲は鉛色に光った。

集まった氏子たちは拝殿近くの広場で火を起こした。炎は高らかに燃え上がり、周囲が赤々と照らし出される。

じっと見ていると火傷（やけど）をしてしまいそうになり顔を遠ざけた。

氏子らは一心不乱に火へ向かっている。

火と対峙する。それは人間にとって試練のひとつだ。燃えさかる熱い炎を前に自分自身と向き合う。神事の前に行う禊（みそぎ）のようなものかもしれない。

その気迫はナマハゲになった若者たちの張りつめた雰囲気と重なるところがある。

人々は炎の中に大きな丸い餅を入れ、真っ黒に焦げるまで焼いた。

神社に奉献され、宮司が神前で祝詞をあげてお祓いをした。

祈禱が終わると参列者一同は社殿の外に出た。氏子のひとりが山に向かい、ほら貝を鳴らす。

白い息が立ち昇り、空気を震わせる大きな響きが山に溶け込んでいく。

その瞬間、暗がりから鬼が姿を現した。

鬼は見覚えのある仮面をつけていた。

頭に角のない真山地区のナマハゲ面だ。しかも稲わらのケラミノも身にまとっているのでナマハゲそっくりではないか。

鬼は宮司である武内氏の前まで来て餅を受

柴灯祭の神鬼。宮司が餅を奉献する

け取ろうとした。

焼きたての餅は相当熱いらしい。至難の業だ。両手で抱えるのは鬼とはいえ、至難の業だ。何度も躊躇し、ついに鬼は餅を手に取り、一目散に山へと駆けていった。

鬼が持ち去った餅は神事の後、護摩餅と呼ばれ参拝者に配られた。

災難を取り除いてくれる護符になるばかりではない。火で炙ってあるので黴びず、腐らない。出稼ぎに行く人が薬としていつも大切に持ち歩いているという。

山の神が授けてくれた護摩餅は命をつなぐ餅なのだ。

餅と命。鹿児島県の甑島では、新年の来訪神トシドン（年殿）が人々に渡す餅は「年玉の餅」と呼ばれている。玉とは魂のことでもあり、新年に新しい魂（生命）を授かるよう

護符や薬となる護摩餅

にという祈りが込められる。それは現在のお年玉にも通じているという。

一段落ついたところで、わたしは宮司に疑問を投げかけた。

「柴灯祭の鬼はナマハゲの仮面をつけていました。両者は同じなのでしょうか」

武内氏はわたしに見せたい資料があるので、直会（なおらい）の会場で待っているようにと言った。

彼はやって来ると武内家の系図を取り出した。

昔の祭事が記録されている。柴灯祭の起源は長治（ちょうじ）年間（一一〇四―一一〇六）にまで遡るという。

武内氏はわたしに向き直って言った。

「古い記録を見ると行事で献餅するのは神鬼に対してであって、ナマハゲにとは書かれていないんです。神鬼は山の神の化身で姿を見せなかったようですよ」

柴灯祭の鬼は正確には神鬼だという。それが姿を現しナマハゲ面をかぶるようになったのは最近のことらしい。

「昔は神鬼が近づいてくる音を聞いたり姿を見たりしただけで災難が降りかかると恐れられていました」

柴灯祭の神鬼はナマハゲよりも古い時代まで遡れるのかもしれない。

わたしは宮司へ質問を続けた。

「なぜ山の神の化身と呼ばれる神鬼に餅を献上するのですか」

「新年の五穀豊穣、大漁満足、村内安全や悪疫除去などを祈願するためです」

話をしているうちに直会が始まった。

武内氏はわたしに真山なまはげ伝承会会長の菅原昇氏を紹介してくれた。物静かな雰囲気の人だ。長年ナマハゲの面をかぶってきたというが、外見からは想像できない。

「餅を献上していたのは柴灯祭の神鬼に対してだけではないよ」

菅原氏は続ける。

「昔はナマハゲに餅を渡したものだった。餅を渡せば、豊作や幸せな一年を約束してもらえると信じていたからね。今は御祝儀がほとんどだけど」

話を引き継ぐようにテーブルの隣の席にいた男が口を開いた。彼も菅原氏と同じくらいの年格好だ。

「ナマハゲが大暴れをして稲わらを落としていくでしょ。あれも縁起物なんだ。頭に巻けば、一年間無病息災に恵まれると言われているからね」

収穫された稲から生命力を授かれるようにと願うまじないなのだろう。

聞けば聞くほど柴灯祭とナマハゲ行事には豊穣儀礼の要素が色濃く残っている。

わたしは柴灯祭の神鬼とナマハゲが同じ存在であるとの確信を深めた。

地元に生まれ育ち、ナマハゲとともに生きてきた人たちと酒を酌み交わしながら話を続ける。

「ナマハゲは家中の障子や襖を開けるんだけど、なぜだかわかる？」

菅原氏の質問にわたしは答えた。

「隠れている子どもを探すためでしょうか」

「いいや。部屋から悪霊を追い払うためだよ。誤解されやすいけれどナマハゲは子どものための行事じゃない」

向かいに座っている中年の男は、わたしに徳利を差し向けながら言った。

「シコもそうだよ。家の中で三度踏む。七回、五回、三回とね」

わたしはお猪口に満たされた酒をぐっと一口呷り、尋ねた。

「なぜです？」

「縁起のいい数字だからさ。そうやって福を呼ぶわけだ」

菅原氏はまた疑問を投げかけた。

「やって来たナマハゲは着席して『おめでとうございます』と言う。でも『明けまして』とはつけない。なぜだかわかる？」

わたしは首をかしげた。

じっと考えていた地元の若者が謎解きをするように答えた。

「大晦日の夜で、まだ年が明けていないからですか？」

菅原氏は顔を横に振った。

「人が死んだり病人がいる家にナマハゲは入れない。通される家は一年間家族全員が幸せだったことになる。だから『おめでとうございます』と言うんだ」

「なるほど」

若者は納得したようにうなずいた。

「ナマハゲは来年も来ると約束するんだけど、それは幸せに暮らして一年後にまた会おうという祈りというわけだ」

菅原氏の話を聞き、ナマハゲの所作や発言にはそれぞれ深い意味があったことを知る。

彼は同席している人々に語りかけるように言った。

「昔、ナマハゲが来るのは旧暦の正月十五日だった。小正月の行事として考えないと本来の意味が失われていってしまう」

確かに菅江真澄の記録にも行事が行われていたのは正月十五日と書かれていた。

わたしは尋ねた。

「なぜ正月十五日だったのですか?」

「一年の最初の満月の夜（十五夜）の日は願いが叶うとされていたからです」

暦（こよみ）の変更に伴い、ナマハゲ行事も十二月三十一日の夜に行われるようになったのだという。

新年を迎える行事という点では変わらないが、小正月行事としてのナマハゲ本来の意味は忘れ去られつつあるという。

「最近では鬼の面を見て、悪魔だと思い込む人もいるぐらいだからな」

「ナマハゲとは何でしょう」

わたしの質問に菅原氏は間を置かずに答えた。

「お山の神様の使いだよ。山から来て人々に新年の福を与える。とても縁起がいいんだ」

ナマハゲは悪魔でもなければ、鬼でもない。

隣にいた白髪の男が付け加えた。

「真山のナマハゲ面には角がないでしょう。山の神の原型をとどめる名残だと言っている人もいるよ」

菅江真澄の記録によれば、江戸時代のナマハゲは鬼の面ばかりか空吹き（ひょっとこ）の面をかぶって登場したと書かれている。

地元で番楽（ばんがく）と呼ばれる神楽（かぐら）で使われたものだ。番楽は山伏（やまぶし）が伝え、民衆の中で多様に変化した伝統芸能だとされる。ナマハゲと山岳信仰とのつながりを連想させて興味深い。

わたしは夜遅くまで地元の人たちと語り続けた。

年老いた男たちは幼い頃、ナマハゲを恐れて育った。青年となり自分がナマハゲに扮した。引退した後は主人役としてナマハゲを家で迎えるようになった。巡りゆく季節のように、ナマハゲ行事は人の一生を包み込んでいる。

地元の人から話を聞き、わたしはナマハゲが新しい年をもたらす歳神(としがみ)であると知った。

それは冬至にやって来て春をもたらすクランプスと似ている。

男鹿から戻った後も、わたしは菅原氏が言った一言が気にかかった。ナマハゲ行事の本質は小正月行事ととらえてこそ見えてくるという。

暦が変わり、忘れられつつあるナマハゲ本来の意味とは何か。

わたしは図書館へと出かけた。

自宅がある秋田市にもいくつか図書館はある。そこで解決できることもあるが、さらに調べものをしたいときは東京へ出かけていく。

探検というと、野山を駆け回り、どこかで野宿しているだけの印象があるが、それは探検という氷山からすればほんの一角に過ぎない。

現実には大学図書館の薄暗い書庫に入ったまま、多くの時間を過ごし、太陽とは無縁の生活を強いられることが多い。地味な作業だ。探したい資料が見つからないまま数ヵ月も足踏みすることもある。途中で投げ出したくなることもある。

しかしフィールドワークで得たものを検証してこそ、旅は完結する。現場で感じたインスピレーションを確かなものにして初めて探検は活きる。

ナマハゲと小正月行事、そしてクランプスとの接点はどこにあるのか？　ナマハゲの源流をたどれば、クランプスと同じところにたどり着くのだろうか？

わたしは小正月について調べ始めた。

そもそも、日本にはなぜ正月の他に小正月が存在するのか。

日本では古来、暦とは月の満ち欠けのことだった。『日本年中行事辞典』（鈴木棠三　角川書店　一九七七）によれば満月の日から次の満月の日までが一ヵ月間とされ、新年の始まりの日は、正月（一月）に月が満ちる十五日（十五夜）だった。

その後、中国から新しい暦法が伝わった。月の満ち欠けの新月から新月までを一ヵ月とし、月の始めは一日（朔日（さくじつ））に変更された。

元日も正月一日とされたが、それまで続いてきた正月行事の多くは正月十五日に残された。

人々はこの日を小正月と呼んで祝い続けたのだ。

その習慣は太陽暦を採用している今も小正月行事として残っている。

例えばその日、全国各地で小豆粥を食べる風習が見られる。粥は新年の作柄を占うためにも使われ、長野県の諏訪大社（下社）では小豆粥の中に筒を入れ、中に残った粥の分量でその年の吉凶を占う。農作物に被害をもたらす害鳥をあらかじめ駆除しようという鳥追いや、鎌や斧、なたなどで木を脅してその年の実りを約束させようとする成木責めなども知られている。

いずれも豊作を祈願するものだが、新しい生命誕生への祈りは人間にも向けられた。

各地に伝わる嫁叩きでは、棒で若い女や新婚の男の尻を叩いて大騒ぎをした。棒を「孕め棒」と呼んでいる地域もあり、子づくりに対する祈念が込められている。

また水祝いという行事もあった。

新婚の婿に水を浴びせかける行事で、『日本書紀』にも書かれているほど古くから存在した。

しかしその実態は若夫婦に対する妬み半分、野次馬根性半分で、嫁が美人の場合などにいじめの手段として悪用されるようになったという。

じつに興味深い。クリスマスに恋人と過ごす友人に嫉妬していた自分の気分と似たようなものがある。

他人の色恋沙汰を妬む者が昔からいるのは当然としても、それを公然と行っていたとは――。しかも小正月行事のひとつだというのだ。

ナマハゲ行事でも昔は似たような振る舞いが見られたという。子ども相手ばかりではなく、ナマハゲは各家の初嫁や初婿にも迫っていったらしい。

現在では男鹿半島の行事として有名だが、似たようなものは全国各地に数多く存在していたようだ。

東北地方や九州南部などで見られたカセドリは全身をわらで包み家々を回る。祝儀をもらって歩くこともあるという。蓑笠姿で神に扮するホトホトやコトコトも全国的に分布していた行事で、戸を叩いて音を立て、家々で祝言を述べた。

これらは小正月の訪問者と呼ばれ、新しい年の到来を告げた。

日本人の自然に対する畏敬と愛着が見て取れる。

小正月行事を追っていくうち、わたしは思いがけない文献にたどり着いた。

なんと、江戸時代に長崎の出島で聖ニコラウス祭が行われていたらしい。

外科医の桂川甫周がオランダ人から聞いた話をまとめた『紅毛雑話』（一七八七）に、聖ニコラウス祭を思わせる祭りのことが書かれている。

「冬至より一二日にあたる日を以て、彼国の正月とす。（中略）その日出島の蛮人、棕櫚縄に裁を巻きたるをもつて、『カピタン』を始め銘々をうちてまわるとぞ。吾邦にて用ゆる所の卯杖のたぐひなるべし」

（『紅毛雑話』森島中良　八坂書房　一九七二）

オランダで十七世紀に描かれたヤン・ステーン作『聖ニコラウス祭』には鞭が描かれていた。オーストリアのクランプスやシャーブが打つ鞭とも重なる。

桂川甫周は彼らの鞭が日本の卯杖を思わせるものであると述べている。

卯杖とは何だろう。

わたしは好奇心を刺激された。

それは古くから一年の邪気を払うお守りとして、宮中や貴族の間で新年の贈答に用いられた。卯杖の習慣はほとんど廃れてしまったが、和歌山県の伊太祁曾神社に卯杖祭として伝わっている。邪気を祓うための卯杖を供える儀式が一月十五日の小正月に行われる。実際に人を叩くものではないが、邪気を払い、新しい一年を予祝するという点で、聖ニコラウス祭の鞭と重なるように思った。

わたしは小正月行事の変遷を追ってみることにした。

するとすぐ壁にぶつかった。資料が見つからないのだ。

民俗学者は時代の移り変わりの中で、より古い原型をとどめた習俗を重んじ、記録に注力した。すでに変化してしまったものは無視されたため、行事がどう変わり、消え去ったのかを知ることができない。

いずれにせよ、小正月行事の伝統が時代とともに崩れていったのは確かなことだ。江戸時代が終わり、文明開化の波とともに社会は大きく変わった。士農工商という身分制度がなくなり、多様な職業が生まれた。廃藩置県により都市型の社会が誕生し、西欧化の波は暦にも及んだ。

政府は一八七二年（明治五）、太陽暦を採用し、太陰暦を廃止した。

それまで農村を中心に育まれてきた小正月行事は時代遅れだとして社会の脇へと追いやられていく。日本各地で見られた小正月の来訪者は時代の変化の中で消失したり、本来の意味を失っていった。ナマハゲ行事のように存続したのはわずかだ。

一方のサンタクロースはどうだろう。

資料をひもとくと、日本で最初のサンタクロースは一八七四年（明治七）、東京築地の外国人居留地にあった女学校に登場したとある。

明治から大正にかけて日本にキリスト教を伝道した植村正久の生涯を綴った『植村正久と其の時代』（佐波亘　教文館　一九七六）によれば、最初のサンタは裃をつけ大小の刀を腰に差し、大森かつらを頭にかぶった殿様風の格好だったという。

なんとも興味深いことに太陰暦廃止の二年後に日本にサンタクロースが登場してい

るのである。

それにしてもなぜ当時の日本人はサンタクロースを日本人の殿様風に仕立てたのか。わたしはそこに何か意味があるように思えた。

もちろんサンタクロースのことをよく理解していなかったことが挙げられる。しかしサンタクロースを殿様風に仕立てたのはもっと意味があることに思えた。

出島で聖ニコラウス祭を思わせる鞭を見聞した時、桂川甫周は卯杖を連想した。同じようにサンタクロースにも日本古来の風習に合致する点を認め、親近感を覚えたのではないか。

日本人がクリスマスを異国の風習と思っていなかったことの証しなのではないか。

明治時代に入ると、人々の生活は急速に

探検メモ6

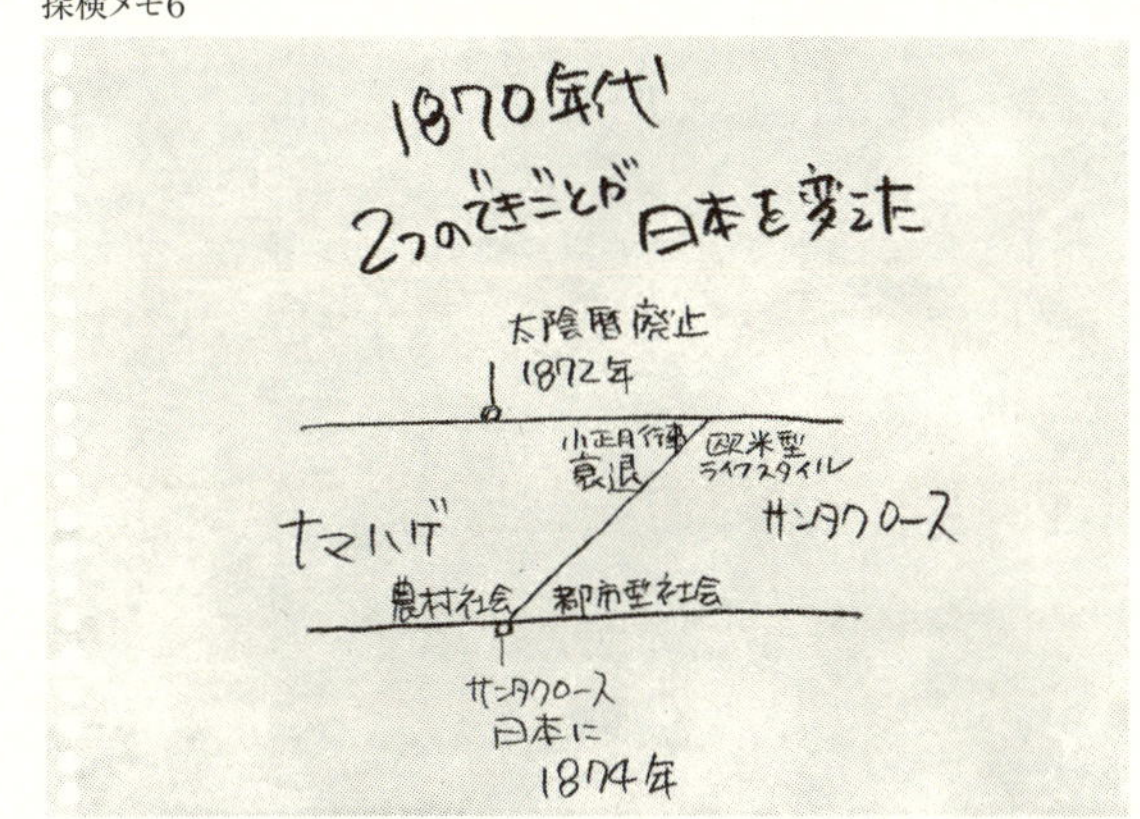

欧米化していった。

殿様のサンタクロースは消え、時代の変遷の中でコカコーラ・サンタのような赤いコートを身にまとった欧米の老人が人気を獲得していく。プレゼントやケーキといった楽しい雰囲気も子どもや若者の心をとらえた。

そんなクリスマスの普及と反比例するように、小正月行事は衰退し姿を消していったのだ。

古代ローマにキリスト教が登場した時、古くからあった冬至祭の日がクリスマスに取って代わられた。中世に聖ニコラウス信仰が広まると、ゲルマン民族の冬至祭が聖ニコラウス祭とされた。

同じようなことがナマハゲに代表される小正月の訪問者とサンタクロースにも起こった。

農村社会から都市型社会へ。小正月の来訪者が時代遅れな存在となるなか、サンタクロースが春を届ける来訪神としての役割を担っていったのだ。

新しい文化は古い伝統の上に根を下ろす。新来のサンタクロースにとって、消えゆく小正月の来訪者の座は社会に定着するためのプラットホームとなった。

そこに日本のサンタクロースの本質が隠されている。

クリスマスやサンタクロースは日本人にとってキリスト教的な意味合いはない。それは失われた小正月行事のかわりとなる、れっきとした日本の行事なのだ。
日本人にとってサンタクロースはナマハゲと同じ小正月の来訪神だったのだ。

第6章

サンタと怪物の接点を求めて

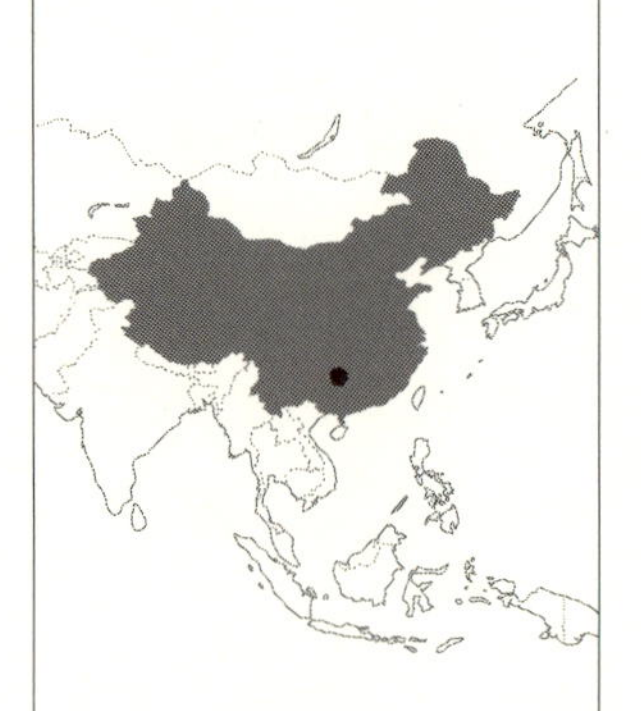

中国／広西壮族自治区

わたしにはまだわからないことがあった。

世界各地を旅し、サンタクロースのルーツを遡ると、聖ニコラウスばかりか〝十二月二十五日の怪物〟にたどり着いた。

また、日本にサンタクロースが定着した理由をつきとめることもできた。

それは失われていく小正月行事の文化的空白を埋める役割を果たしていたのだ。

時代は変わっても、われわれには新しい春を迎えるための儀式が必要なのであり、伝統的な来訪神のかわりにサンタクロースがその役割を担っている。

とはいえ日本人がサンタクロースに抱いている愛着は、取っつきにくく恐ろしい小正月の怪物への感情と同じとは言い難い。もっと身近で親しみが持てる、包容力や安心感のある存在だ。

確かに欧州で見てきた怪物もそうだった。ヨールプッキ（ヤギ男）には気味悪さが漂っていたし、クランプスは実際に鞭で迫ってくる脅威の存在だった。それでも怪物たちはにこやかなサンタクロースや聖ニコラウスと同じく人々に恵みをもたらす神だった。

恐ろしい神と優しい神。なぜ来訪神には相反する二種類の神がいるのだろう。そもそも来訪神とはどのような存在なのか。日本人はそこに何を見ているのか。

日本の来訪神について改めて調べてみると、わたしは思いがけず布袋和尚（ほていおしょう）にたどり着いた。それは沖縄本島よりもさらに南、日本最南端の八重山（やえやま）諸島で八月の旧盆に行われる豊年祭に登場する。仮面をかぶった異形の者たちが町中を行進するのだが、その中に福々しい布袋の仮面をつけた来訪神がいる。ミロクと呼ばれ、弥勒菩薩（みろくぼさつ）でもあるらしい。

布袋といえば太っていて、いつも笑っている。大きな袋を抱えている姿も印象的だ。どこかサンタクロースを思わせる。

わたしは旅のインスピレーションとなった『ザ・サンタ・マップ』に、日本の土着のサンタは布袋和尚だと紹介されていたことを思い出した。

サンタクロースと日本の来訪神に深い関わりがあったことを見出した今、そのことが気になり始めた。

『ミロク信仰の研究』（宮田登　未來社　一九七五）によれば布袋は九世紀頃の中国に実在した長汀子という名前の僧侶だという。

彼は常に子どもに囲まれて、大きな袋を担いで放浪していたのでいつしかそう呼ばれるようになった。袋には米が貯えられ、底をつくことがないとされた。

後に豊穣のシンボルとなり、女性が布袋像の腹をなでれば必ず子を授かると信じられるようになった。

来訪神の特徴を兼ね備えた福の神であることがわかる。

長汀子は辞世の偈に「弥勒の分身は知らぬ間に姿を現す」と書いたことから、弥勒の生まれ変わりと目されるようになった。

弥勒菩薩は乱世を救うために来訪する未来仏だ。

中国で弥勒と結びついた布袋は、日本に伝わると鎌倉時代の仏僧が好んで禅画の題材にした。七福神のひとりに数えられたのは室町時代で、信仰は今なお続いている。

なぜ八重山諸島で豊年祭に布袋（弥勒）が登場するようになったのか。

前出の『ミロク信仰の研究』によると寛政三年（一七九一）、黒島首里の役人が安南（現在のベトナム）に漂着した。彼は八重山に帰る時、現地の豊年祭で使われていた布袋面を持ち帰り、それが使用されるようになったのだという。

当時、中国南部からベトナムなどにかけて、布袋顔の弥勒が広く信仰されていた。

もともと八重山の人々は、海の向こうにニライカナイという異界があって、そこから訪れる神々が五穀豊穣をもたらすと信じていた。

布袋はニライカナイから来る神として信仰されるようになった。

豊年祭が行われるのは夏だ。八重山では、稲作の収穫時期に当たり、新旧の年が交替する正月ともみなされていた。布袋は新年の実りや幸福をもたらす来訪神なのだ。

同じ日本の来訪神でも、ナマハゲのように恐ろしい怪物ではない。

福々しい様はむしろ優しいサンタクロースに近い存在だ。

わたしは布袋のルーツを中国に追っているうち、中国南部にナマハゲと同じ習俗があることを知った。

大陸の南西部に位置する広西壮（カンシーチワン）族自治区融水（ロンシュイ）県安陲（アンチョイ）郷。そこに住む少数民族の苗（ミャオ）族には、毎年一回、山から怪物が下りてくる祭りがあるという。

伝統的に水稲耕作を行う苗族の文化は、これまで日本文化の基層を考える上で注目されてきた。もしかするとナマハゲのルーツをたどれるかもしれない。

中国のナマハゲも怖いのだろうか。

それとも布袋のような存在なのだろうか。

わたしは現地に行ってみたいと思うようになった。

しかし正直なところ、中国の来訪神を見たところで、核心的なものをつかめる自信があるわけではなかった。

わたしは中国へ行くべきかどうか、二の足を踏んだ。

会社勤めをしていた時は金に飽かせて行ってみることはできた。独立をした今、かえって気ままな旅はできない。探検に冒険は禁物なのだ。

不思議なものだ。独立して自由を得たはずなのに、かえって不自由ではないか。

それでも勤めながらでは、サンタクロースの旅をすることはできなかったはずだ。二ヵ月間を世界各地の旅に使い、さらに欧州を再訪した。ナマハゲのために男鹿に二度行き、図書館で過ごした時間も入れるとかなりの時間と資金をかけている。

探検の目的は答えを探すことである。

とはいえ現実には算数の答えのようなものではない。

手にした答えはさらなる謎を呼び、芋づる式に連なっていく。

どこかで打ち切らなければ収拾がつかないことになる。理性がそう叫ぶ一方、わたしは来訪神の正体を突きとめるまでは旅を終われないと感じていた。

曖昧な思いを抱きながら一年が過ぎてしまった。

ちょうどその時、願ってもない話が浮上した。

ある企業から依頼を受けた仕事で中国へ行くことになった。昔話『桃太郎』の背景を追って旅をし、ウェブ上でレポートするというものだ。『桃太郎』に似た話が中国に伝わっている。『桃太郎』には鬼が登場する。彼が征伐した鬼は悪魔だったのだろうか。単純に邪悪なものとは言い切れないかもしれない。中国のナマハゲを見ることで何かがつかめるかもしれない。わたしは新たな旅の機会到来に力を得て、中国でのサンタクロース追跡も続けられると思った。

まるで船乗りが潮待ちをして航海を続けるような旅。考えてみれば聖ニコラウスを信仰していたのは船乗りだった。彼らに敬意を表し、サンタの旅も風まかせでいいのかもしれない。

中国へ行くことになり、わたしは上海にいる坂田政太郎氏に連絡を取った。異国の地でビジネスの夢を追う彼もまたわたしの探検の理解者のひとりだ。中国語ができないわたしにとって、現地の習俗を理解することは至難の業だ。彼は現地でのサポートを快く引き受けてくれた。

二〇〇八年十二月。わたしはガイド兼通訳の曹萌さんと上海で合流し、起点となる柳州（リュウチョウ）から車で一二〇キロメートルほど北にある安陲（アンチヨイ）をめざした。

山は天を突く鉾(ほこ)のように立ち並び、山裾を蛇行する川は悠久の時を刻みながら流れていく。湿った暖気が山の冷気とぶつかり合って多量のガスを発生させた。山も川も田畑も人も、夢幻のベールに包み込まれてしまう。

いつかどこかで見たような神秘的な風景だ。

地図を開いてみると、柳州の北東には水墨画の世界を思わせる絶景で有名な桂林(コイリン)がある。

旅の途中で出会った美少女はわたしに透き通るような笑顔を振りまいた。もう一度見たいと思った時にはどこかに姿を消してしまっていた。風景ばかりか、旅の出会いも神秘的な魅力に包まれている。

また南西側にはベトナムとの国境がある。行き交う人の顔には、どことなく東南アジアのエキゾチックな雰囲気が漂っている。

われわれは四時間半をかけて標高約一〇〇〇メートルの安陲にたどり着いた。

上海で生まれ育った曹さんは普通話（標準中国語）の他、故郷やその近隣の方言を理解できるというが、広西壮族自治区に入ると地元の人の話し言葉に耳がついていかなくなった。途中の町や村に着くたびに通訳を探し、いつしかわたしは三人の通訳を介して話すようになっていた。

わたしが質問を発すると、それはやまびこのように人の口から口へと伝わっていき、同じく答えが返ってきた。

ようやく祭りを行う責任者である趙志勤さんの居場所を探し当てた。

趙さんは祭りが誕生した吉曼（チーマン）という村へ案内しようと言った。

原付オートバイで先導する彼の後をわれわれはセダンで追った。道はどんどん狭くなり、切り立った崖の上を進んでいく。

車窓からちらりと谷底が見えた。

非現実的な風景に、恐怖心さえ湧かない。

少しでもハンドル操作を誤ったら一気に奈落の底だ。

趙さんは途中でバイクを停め、のろのろとやって来るわれわれを何度も待っていてくれた。石ころだらけの登り坂に差しかかると、ついに車が動かなくなった。

通訳が増えるに従い、重量オーバーとなってしまったようだ。

仕方がない。皆で車を押すか。

いや、山道はさらに険しくなるという。

ここまで来て、何も見られずに引き返すのは残念だ。

わたしが訴えると、趙さんはわたしをバイクに乗せて村に連れていこうかと提案した。

しかし通訳なしでは取材にならない。

どうしたものかと途方に暮れる。

こちらの心配をよそに趙さんは軽い調子で言った。

「各集落にそれぞれ仮面があるから大丈夫です」

われわれはUターンして近くの曹口（ツアオコウ）という村へ向かった。

村人は倉庫からいくつかの仮面を持ってきてくれた。

いずれも木彫りで、頭に角はないが歯をむき出しにし、目がつり上がっているものもある。

わたしはその異様さに圧倒された。

恐ろしさはナマハゲやクランプスにも劣らない。

趙さんは仮面を手に取って言った。

「マンガオ（芒篙）といいます。毎年、新年に山から下りてくるのです」

「新年に？」

「村では稲刈りを終えた日に正月を迎えます。苗年（ミャオニャン）と呼んで、村ごとにお供えを用意してマンガオを待ちます。そして一年の収穫に感謝し、来（きた）るべき豊年を祈るのです」

わたしは仮面を手に取って尋ねた。

「子どもは怖がらないのですか？」

「確かに小さいうちは泣き出す子どももいますよ。親は悪い子にはマンガオが来るぞと言って諌める時もあります。でも怖がるばかりではありません」

「マンガオを好きな人もいるのですか?」

「もちろんです。病気の人はマンガオと握手をしたがります。どんな病でも治ると言われていますからね」

仮面を見ていると村の子どもたちが集まってきた。

彼らは恐ろしいマンガオ面を手に取って、親しげに眺めた。

布袋に付き従っていたとされる子どもたちを思わせる。

わたしはその態度に衝撃を受けた。

もし日本の子どもだったら、ナマハゲ面を手に取るどころか、近寄ることさえしないだろう。

マンガオは恐ろしいだけではなく、親しみ

木彫りのマンガオの仮面

のある存在なのだ。

それはナマハゲのようでいて、サンタクロースのような近寄りやすさがある。

何だろう。そこに双方の接点を知る鍵があるのではないか。

「マンガオとは一体何者なのでしょう?」

わたしの問いに、趙さんは答えた。

「猿人です」

「猿人?」

予想もしない答えにわたしは思わず聞き返した。

趙さんによれば、それは苗族の伝説に語られているという。

昔、一羽の蝶が楓(フウ)(マンサク科)の木に卵を産みつけた。鳥が来て温めると卵は孵(かえ)り人間の祖先が誕生した。蝶から生まれたのが猿人のマンガオだった。

どことなくメルヘンチックな話だ。

現在でも苗年になると村の祭場にある世界樹を模した柱の周りに人々が集まり、マンガオが登場するという。

趙さんは続けた。

「マンガオはいろいろな動作をしてみせます。魚獲りや稲作のまねごと、雄と雌が子作りするような儀式もするのです」

まさに天地創造をまねた儀式であり、マンガオはそうやって村人たちに新年の五穀豊穣や郷内安全、子孫繁栄などを授けてくれる。

中国のマンガオも〝十二月二十五日の怪物〟なのだ。

「恐ろしい顔をしていますが、苗族の祖先なのです」

そう言う趙さんに、わたしはうなずきながら答えた。

「だから村の子どもたちは悪魔のようには怖がらないのですね」

濃い霧が晴れて、視界が広がっていくような気分を味わう。

そうだ。来訪神の正体は祖先だったのだ。

マンガオの仮面をつけた子ども

ナマハゲやクランプスなどの怪物が持つ恐ろしさと聖ニコラウスやサンタクロースが持つ優しさ。それらは厳父でもあり、慈父でもある祖先が持つ二面性だったのだ。

何となく恐ろしく、寄りつき難いが、それでも自分を見守っていてくれる。

われわれにとって来訪神とは、抗い難く、寄りすがるべき存在。自分たちの偉大で、包容力があるグレートファーザー（祖父）なのだ。

趙さんはマンガオを実演するための準備に取りかかった。

やがて目の前にマンガオが姿を現した。緑色のミノを身にまとった風貌はナマハゲを思わせる。

マンガオは言葉を発することなく、大地を強く蹴って飛び上がり、繰り返しシコを

探検メモ7

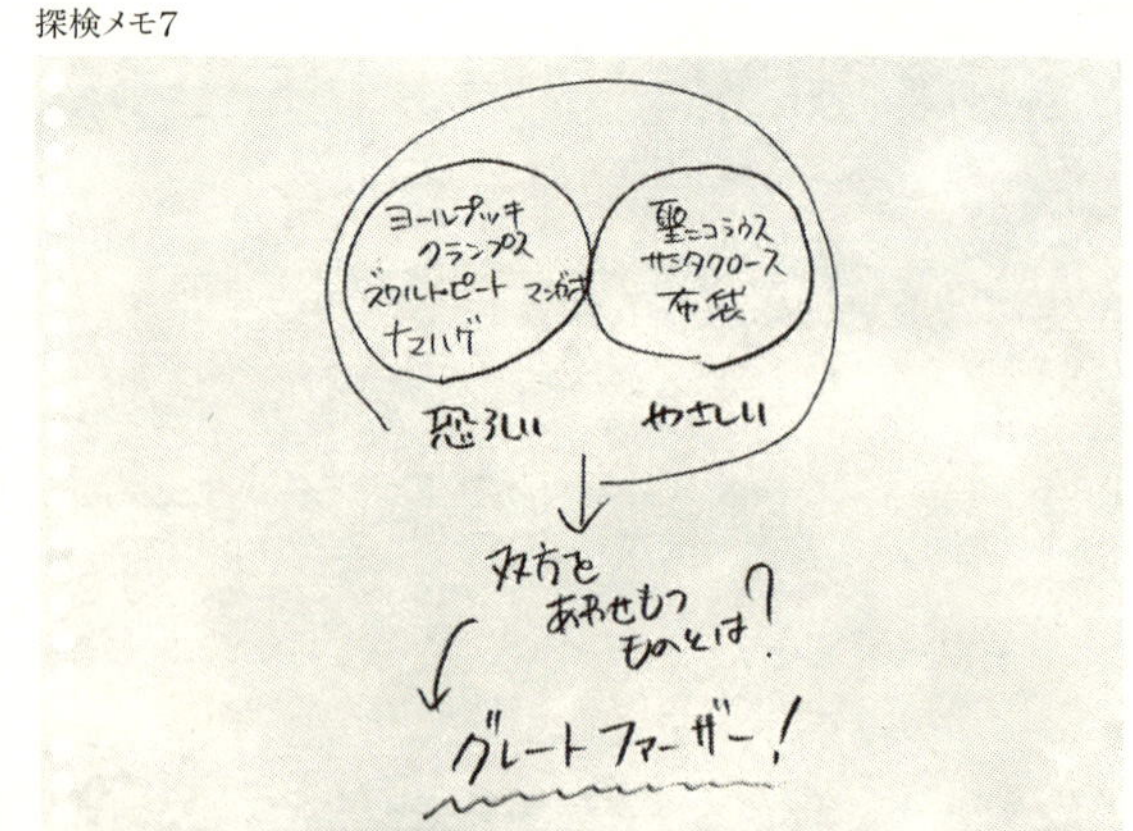

踏むような動作をした。動作は躍動感に満ちている。山から下りてきた猿人そのものだ。

苗族の人たちは自分たちの祖霊に、巡りくる新しい春を感謝し、子孫に伝えていくという。

わたしは循環について考えた。

人間は自然のサイクルの中で生きている。太古から変わることなく巡る季節の中で生かされている。

いや、人間自身にも循環がある。

家族という生命のつながりだ。

自分の生命は遠い祖先から伝えられたものだ。

会ったこともなければ、顔さえ知らない。

代々の祖先は家族という人の輪を継ぎ、絶やすことなく、自分にバトンを渡してくれたのだ。

大地を踏みしめるように踊るマンガオ

われわれはそんな祖霊（グレートファーザー）を敬う。

もし粗末に扱えば、罰が当たるかもしれない。不幸が襲いかかり、受け継いだ生命の循環が断ち切られてしまうかもしれない。祖霊は全ての人を包み込むような温かさばかりか、震え上がらせるような威厳を示している。

わたしは旅に出るきっかけとなったサンタクロースの手紙のことを思い出した。

そこにはプレゼントが「来るべき春」と書かれていた。

われわれは無意識に感じているのかもしれない。

春を届けてくれるサンタクロースは自分たちを見守ってくれている祖先なのだということを。

探検メモ8

12月25日の怪物

国	怪物（来訪神）	特徴	やってくる日	正体
フィンランド	ヨールプッキ	ヤギ男	クリスマス	冬の来訪者 恵みをもたらす
オランダ	ズワルト・ピート	黒い肌の道化？	聖ニコラウス祭	×悪魔 ○子どもを愉快にさせる
オーストリア	クランプス	鞭をふるう	聖ニコラウス祭	×悪魔 ×死者 ○生命[illegible]福をもたらす
日本 男鹿半島	ナマハゲ	鬼の面	大晦日	×悪魔 ○豊穣儀礼
日本 八重山諸島	ミロク	布袋	豊年祭	ニライカナイから 五穀豊穣をもたらす
中国	マンガオ	猿人	苗年	苗族の祖先 五穀豊穣をもたらす

目に見えない春の到来のように、サンタクロースの姿も見えない。

目に見えるものしか信じようとしないこの世の中にあっても、大人は繰り返し子どもにサンタクロースを信じ込ませようとする。

なぜだろう？

本当は大人がその目に見えないものを信じているからだ。

大人が失いたくないと願う夢とは——。

それは祖先から受け継いだ、家族の絆だ。

子どもがサンタを信じるのも、親になった時に子どもに教えるのも、家族というつながりのため、そしてそれを生きるよすがとするためだ。

いや、思春期の若者がクリスマスに嫉妬し、反発することさえ、家庭という心の拠り所を求めているからに他ならない。

クリスマス（冬至）の頃、空は暗く、底なしのようだ。

しかし向き合ってみよう。

孤独のような冬は今日で終わりだ。

光が戻ってくる。新しい生命が巡ってくる。

春の予感はすでにそこにある。

気がつけば、踊り出したマンガオの姿を見つけて子どもたちが駆け寄ってきた。

彼らは刈り取りが終わった田んぼの畦(あぜ)に腰かけて、飛び跳ねるマンガオを楽しそうに見つめている。

「僕もマンガオになる」

少年のひとりがそう言って踊りに加わった。

仮面は小さな体に不釣り合いなほど大きく、思わず足元がよろめいた。

集まった子どもたちは頭でっかちのマンガオに声援を送り、無邪気な笑い声を上げた。

彼はバランスを崩し、尻餅をついた。

「あーあー」

みんなは全身泥だらけの少年に向かって手を叩き、歓声を上げた。

わたしも村人たちといっしょに笑っていた。

新しい春が舞い降りて来たような、朗らかな気分だった。

あとがき

本文では触れなかったが、トルコにある聖ニコラウス（サンタクロースの原型）の遺骨をめぐってはもうひとつの追跡劇があった。

アンタルヤ博物館に収蔵されている遺骨は、ほとんどが小さく砕けた骨片だった。その中にあご骨とわかる骨が一点残されていた。

すでに博物館で行っていた分析結果を聞くと、骨は三十代男性のものだという。わたしは思いもよらない結論に啞然とした。三十代⁉　もしそれが本物であれば、驚くべき事実だ。

しかし博物館で案内をしてくれたウナル・デミレル氏は、聖ニコラウスは老人だったから、それは偽物だろうと説明した。

わたしも納得した。博物館に収められているイコン（聖画）を見ると、描かれた聖ニコラウスはやはり老人だ。

わたしはその後、南イタリアのバーリに渡り、十一世紀にトルコから持ち去られたとされる聖ニコラウスの遺骨の調査資料を調べた。

聖堂に納められている頭蓋骨は、あごの左側が欠損しているという。

わたしはふと、トルコの骨もあごの骨だったことを思い出した。もしかすると、イタリアの欠けたあごの部分にピタリと当てはまりはしないだろうか。

いや、そんなはずはない。トルコの骨は若者のものだと言っていたではないか。胸の中で自分に言い聞かせようとした瞬間、疑問が湧き上がった。

聖ニコラウスは本当に老人だったのか。

調べてみると、明確な証拠があるわけではない。さらにこれまでトルコとイタリア双方にある骨の照合が行われたこともなさそうだった。

もしトルコの骨とイタリアの骨が同一人物のもので、聖ニコラウスの骨だとするなら――。

そうすれば聖ニコラウスは若者だったことになり、モデルとなったサンタクロースも若い男に修正されなければならなくなるかもしれない。それほどの大事件となる。

わたしは英国に渡り、知人のつてを頼りにエジンバラ大学の医学部を訪ねた。

研究者は写真を見てあっさりと判断を下した。

「トルコの骨は確かにあご骨です。でも右側のですよ」

残念ながら、双方の骨はやはり別人のものだった。

追跡は徒労には終わった。しかしこの出来事は、わたしに常識とは何かということを改めて考えさせた。

たとえば、なぜサンタクロースは老人なのだろう。

多くの人は深く考えることなく、ただ彼を老人だと思い込んでいる。それが常識だからだ。

実はサンタクロースが老人の姿をしているのは、原型である聖ニコラウスが老人だったからだ。クリスマス関連の本を読んだことがある人ならば、そのくらいはすぐに答えられるだろう。

では、聖ニコラウスは本当に老人だったのか。さすがにそこまで疑う人は研究者でも少ないだろう。骨の一件がなければ、わたしも疑問を投げかけることなく、彼を老人だと鵜呑みにしていたに違いない。

厳密に言えば、彼が老人だと思い込まれるようになったのは、死後一〇〇年以上経ってから描かれたイコンが老人だったことに由来する。彼が老人だったことは当時の常識だった。しかし彼が本当にそうだったかどうかは証拠がない。

世間で信じられている常識は必ずしも事実とは限らない。

それはちょうど方位磁石の差す方角が「磁北」であって、「真北」ではないのに似ている。

一般には磁北も真北も「北」と解釈されるように、常識と事実もあまり区別されることがない。

しかし「磁北」と「真北」の違いから地球のメカニズムを知るように、サンタクロースの本質も「常識」と「事実」の差に見出すことができる。

振り返ればサンタクロースをめぐる旅は、常識の森の中に事実を探し求めていくようなものだった。

常識のひとつに「十二月二十五日はイエス・キリストの生誕日」というのがあった。旅に出るまで、わたしもそれを鵜呑みにして、疑ってみることさえなかった。

確かにクリスマスはキリストの誕生を祝う行事だ。

しかしそれは事実ではない。

本当は古代ローマ時代に信者拡大をもくろむ教会が、彼の生誕日を多くの人が信仰していた冬至祭に当てはめた。それにより十二月二十五日がクリスマスとなったのだ。

常識と事実のギャップから、クリスマスと冬至祭の接点が浮き彫りとなった。わたしはさらに追跡を続けサンタクロースの正体を探り当てていくのだが、その一連の旅のドラマは本文に書いた通りだ。

ところがどれだけ旅を続けても、常識と事実のギャップを埋められない問題があった。

「サンタクロースはいるのだろうか?」ということだ。

常識的にいえば、子どもはいると信じている。大人はいないことを知っている。ところが親は子どもに「サンタがいる」と教え込む。この事実をどう解釈すればいいのだろう？

結局、二〇〇八年に旅を終えるまで、わたしは答えを見つけ出せなかった。しかし最近になって自分に子どもができたことで、クリスマスが近づいてくると、それまでわからなかったことが急にわかるようになった。

確かにわたしはサンタがいないことを知っている。しかし子どもには信じてほしいと願っている。

本当は、自分もサンタクロースを信じたいと強く思っていたのだ。

それまでのわたしは「常識」や「事実」といった客観性を追求することで、様々な物事を理解できると考えていた。

しかしそれだけではだめだ。

むしろ自分の体験にどっぷりと浸って、主観的に考えないとわからない。

サンタにはそんな一面がある。

子どもを持ってはじめて、サンタクロースは自分の生活と切っても切れない存在になった。そしてようやくわかったのだ。

サンタクロースは絵本の中の存在ではない。

それは空想の世界から飛び出して、自分の家にやって来て、プレゼントをくれる。サンタクロースが来るクリスマスとは、絵本を読んで想像を膨らませるだけではなく、むしろ子どもといっしょにサンタクロースを家に迎え、ちょっと神秘的なことを体験する人生のひとコマなのだ。

親になるということは、再び、自分にも新しいサンタの物語が始まることでもあった。

それは、世界の最果てまで旅してもわからないサンタクロースの秘密だった。とても大切なことをひとつ、見つけた瞬間でもあった。

世界各地を巡ったサンタクロースの旅では、本書に書ききれないぐらい多くの方々からの協力、助言、支援を頂いた。元駐日トルコ大使のウナイドゥン閣下、大使をご紹介いただいたクリストファー・マクドナルド氏には本書の刊行を真っ先に報告したかったのだがともに亡くなられてしまった。特にマクドナルド氏からは生前、温かい支援を頂けたことをうれしく誇りに思う。

アトランタでお世話になった相澤卓哉氏とご家族の皆さん、中国の旅を支援していただいた坂田政太郎氏にも心より感謝を申し上げたい。また中国の取材は株式会社クボタのサイト「クボタ・グローバル・ジャーニー」として公開されている。関係者の皆様にお礼を申し上げる。

本書の刊行にあたっては、草思社の貞島一秀氏とアップルシード・エージェンシーの鬼塚忠代表、清水浩史氏にお世話になった。特に貞島氏、清水氏と話をする中で、日本にはサンタクロースやクリスマスに対して、日本古来の祝祭ではないと言って背を向ける風潮があることにも気づいた。筆をすすめるにつれ、そんな人々にとってもサンタクロースは不可欠な存在であることを見出すことができた。ともに探検をする仲間のように支えてくれた両氏にお礼を申し上げる。またお二人のアイデアで、わたしが旅の途中で綴っている手書きの探検メモを本文中に挿入した。見づらいところもあるかもしれないが、サンタ追跡の現場での思考や興奮を味わっていただければ幸いである。

最後に、校正を手伝ってくれた妻のともみと、サンタクロースのことを考えるきっかけを与えてくれた娘のちとせにも感謝したい。

二〇一二年、草の露白む頃　秋田にて

高橋大輔

文庫版あとがき

「今年はどこよりも早くクリスマスツリーを飾ろう」

クリスマスソングが好きで夏でも繰り返し歌っていた四歳の娘と、そんな約束をしたのは昨年秋のことだ。

とはいえ十月では早過ぎる。せめてハロウィーンが終わった後の十一月にしよう。そう思っていたら先を超されてしまった。たまに出かけるショッピングモールで十月に巨大なクリスマスツリーが登場した。

ところが違和感がある。年々盛り上がりを見せるハロウィーン商戦の勢いが止まらないのだろう。ジャック・オ・ランタン（ハロウィーンのカボチャ）がクリスマスツリーに飾りつけられているという始末だ。清純なツリーが、邪悪なものたちに乗っ取られてしまったような怪し気な雰囲気だ。

日本人は異国文化を持ってきて自分たちのいいように作り替える。オムライスやナポリタンスパゲッティぐらいならいいが、クリスマスとハロウィーンをごっちゃにしないでほしい。悪のりにもほどがある。

ハロウィーンは子どもがオバケの格好をして町内の家々を回る欧米由来のイベント

だ。「トリック・オア・トリート（いたずらか、もてなしか）」という決まり文句とともに飴やクッキーなどをもらう。子どもが扮するのは黒猫やドラキュラ、骸骨、魔女、フランケンシュタイン、狼男など。西洋の幽霊や妖怪が総出演するオールスター大会みたいな感じだ。

日本ではいつ頃、誰が始めたのか。店先での賑やかしが目立つわりには欧米のように行事として定着していない。その様子からクリスマスやバレンタインで飽き足らない商売人らの仕業かもしれない。

柳の下のドジョウは二匹まで。わたしは冷ややかに眺めた。第一、木枯らしが吹く頃にオバケのイベントなんていらない。日本では伝統的に幽霊が来るのは夏と決まっている。ハロウィーンはお化け屋敷を深まりゆく秋に新装開店するようなものじゃないか。

そもそもなぜ寒々しい季節にオバケ行事が始まったのか。

ルーツを探ると古代欧州に暮らしたケルト人の風習に遡るらしい。彼らは十月三十一日を大晦日とし、死者の霊が家族を訪ねてくると信じた。その時いっしょに怖い妖怪や魔物もやって来ると考えたのだという。

それはまさにクリスマスの起源となった冬至祭と一緒ではないか。

古代ゲルマン人は古い年と新しい年の間に裂け目ができ、この世とあの世がつながってしまうと信じた。新年に当たる冬至が近づき、あの世から魔物や怪物がやって来る。怖いだけではなく人々に新年の実りや健康、幸福をもたらす存在でもあった。時代を経るうちその魔物がサンタクロースに替わっていったという。

意外なことにハロウィーンのオバケも、サンタクロースのルーツと同じく十二月二十五日の怪物だったのだ。

見た目の違和感はともかく、クリスマスツリーにハロウィーンのカボチャを吊り下げても的外れではないことになる。冬のオバケはいらないなんて言わずに、もっと大切にしなければならない。

心を入れ替えて今年こそ、商業施設に負けないように早くクリスマスツリーを飾ろう。わたしは再び、娘と話し合った。ハロウィーンが始まる十月頃にしようか。そう思っていたら、お盆過ぎにもうハロウィーンの商棚を展開する百円ショップが登場した。何とも気が早い。

しかしよく考えてみれば、お盆もまた祖霊を迎え、自分たちの健康や幸せを祈る古来のしきたりではなかったか。祖霊を来訪神ととらえるならば、サンタクロースや聖ニコラウス、ハロウィーンのオバケたちとも重なる。お盆でさえクリスマスと似たところがある。

お盆、ハロウィーン、クリスマス、ナマハゲを始めとする小正月行事。

どうやら現代日本人は八月から翌年の一月まで、一年の半分をかけて似たような祝祭イベントを繰り返し行っているようだ。

日本は八百万の神の国というが、世界の神々まで千客万来し、半年にもわたってそれらと相まみえることができる祝祭の国でもある　実に、おめでたい土地なのだ。

そんなことを考えつつも、はて、クリスマスツリーは一体いつ飾るのがいいのだろう。またしても悩んでしまうわたしなのである。

二〇一六年十月

高橋大輔

主要参考文献

イヴ・ボンヌフォワ編 『世界神話大事典』 金光仁三郎訳、大修館書店、二〇〇一年
井村君江 『妖精学大全』 東京書籍、二〇〇八年
オスカー・クルマン 『クリスマスの起源』 土岐健治・湯川郁子訳、教文館、一九九六年
カトリーヌ・ルパニョール 『サンタクロースとクリスマス』 今井裕美子・加藤行男訳、東京書籍、一九八三年
コレット・メシャン 『サンタクロース伝説の誕生』 樋口淳・諸岡保江編訳、原書房、一九九一年
佐波亘 『植村正久と其の時代』 教文館、一九七六年
ジェイムズ・フレイザー 『金枝篇』 永橋卓介訳 岩波書店、一九五一年
菅江真澄 「牡鹿乃寒かぜ」『菅江真澄集第1』 秋田叢書刊行会、一九三〇年
鈴木棠三 『日本年中行事辞典』 角川書店、一九七七年
ハンス・ビーダーマン 『図説世界シンボル事典』 藤代幸一監訳、八坂書房、二〇〇〇年
福嶋正純 「魔物たちの夜—聖ニコラウス祭の習俗」『季刊民族学』第一四巻第一号、千里文化財団、一九九〇年
宮田登 『ミロク信仰の研究』 未來社、一九七五年

村川堅太郎・江上波夫編『世界史小辞典』山川出版社、一九六八年
森島中良『紅毛雑話』八坂書房、一九七二年
ヤコブス・デ・ウォラギネ『黄金伝説1』前田敬作・今村孝訳、人文書院、一九七九年
ヨーゼフ・クライナー「ヨーロッパの来訪神信仰」『駒澤大学文化』、一九八五年

CIOFFARI, Gerardo "The Basilica of Saint Nicholas" Bari, 1997.
IRVING, Washington "A history of New York form the begging of the world to the end of the Dutch dynasty" New York, 1809.
MARTINO, Luigi "Le reliquie di S. Nicola-studio anatomo-antropologico dei resti scheletrici rinvenuti nella sua tomba in Bari", alla ricognizione canonica del 5 maggio 1953, Centro Studi Nicolaiani, Bari, 1987.
MOORE, Clement Clark "Visit from St. Nicholas" late1800s.
NAST, Thomas "Thomas Nast's Christmas drawings for the human race" Harper & Row, 1971.
"The Santa Map:A cultural geography of the world's most beloved man" Hedberg Maps, Minneapolis, 2001.

○サンタクロースについて深く知りたい人に（著者の書棚からセレクト）

植田重雄『ヨーロッパの祭と伝承』早稲田大学出版部、一九八五年（古代の祝祭について）
荻原雄一『サンタクロース学』夏目書房、二〇〇一年（児童文学・絵本が詳しい）
葛野浩昭『サンタクロースの大旅行』岩波書店、一九九八年（北欧の少数民族やサンタクロース村についても詳しい）
クロード・レヴィ＝ストロース・中沢新一『サンタクロースの秘密』せりか書房、一九九五年（社会人類学から見たサンタクロース）
諏訪春雄・川村湊編『訪れる神々』雄山閣出版、一九九七年（中国のマンガオについて論考あり）
日本海域文化研究所編『ナマハゲ―その面と習俗』日本海域文化研究所、二〇〇四年（ナマハゲの仮面を地域ごとに解説）
舟田詠子『誰も知らないクリスマス』朝日新聞社、一九九九年（クリスマスのお菓子を紹介）
フランシス・チャーチ『サンタクロースっているんでしょうか？』中村妙子訳、偕成社、一九七七年（少女の質問に対する新聞記者からの答え）
若林ひとみ『クリスマスの文化史』白水社、二〇〇四年（ツリー、歌、マーケットなど）

＊本書は、二〇一二年に当社より刊行した『12月25日の怪物　謎に満ちた「サンタクロース」の実像を追いかけて』を改題し、文庫化したものです。

著者エージェント　アップルシード・エージェンシー
http://www.appleseed.co.jp/

草思社文庫

12月25日の怪物

謎に満ちた「サンタクロース」の実像を追う

2016年12月8日　第1刷発行

著　者　髙橋大輔

発行者　藤田　博

発行所　株式会社 草思社

〒160-0022　東京都新宿区新宿5-3-15

電話　03(4580)7680(編集)

03(4580)7676(営業)

http://www.soshisha.com/

本文組版　有限会社 一企画

印刷所　中央精版印刷 株式会社

製本所　中央精版印刷 株式会社

本体表紙デザイン　間村俊一

ISBN978-4-7942-2243-5　Printed in Japan